캠퍼스 행전

캠퍼스 사역자의 영적 전투 보고서

캠퍼스 행전

지은이 | 리민수

펴낸이 | 원성삼

책임편집 | 홍순원

표지디자인 | 한영애

펴낸곳 | 예영커뮤니케이션

초판 1쇄 발행 | 2018년 7월 16일

등록일 | 1992년 3월 1일 제 2-1349호

주소 | 04018 서울시 마포구 동교로 55 2층(망원동, 남양빌딩)

전화 | (02)766-8931

팩스 | (02)766-8934

홈페이지 | www.jeyoung.com

ISBN 978-89-8350-995-6 (03230)

값 13,000원

이 도서의 국립중앙도서관 출판예정도서목록(CIP)은 서지정보유통지원시스템 홈페이지
(http://seoji.nl.go.kr)와 국가자료공동목록시스템(http://www.nl.go.kr/kolisnet)
에서 이용하실 수 있습니다.(CIP제어번호: CIP2018020405)

 모든 인간은 하나님의 형상을 닮은 존귀한 존재입니다. 사람은 인종, 민족, 피부색, 문화, 언어에 관계없이 모두 다 존귀합니다. 예영커뮤니케이션은 이러한 정신에 근거해 모든 인간이 존귀한 삶을 사는 데 필요한 지식과 문화를 예수 그리스도의 사랑으로 보급함으로써 우리가 속한 사회에 기여하고자 합니다.

캠퍼스 사역자의 영적 전투 보고서

캠퍼스 행전

리민수 지음

나는 캠퍼스의 영적 파수꾼이다.
"행동하는 제자들! 예수 지상명령 성취!"

예영커뮤니케이션

제자 사역의 모범

도기현 목사
사단법인 제자들선교회 대표

오랫동안 제자도의 길을 묵묵히 걸어오신 훌륭한 선배 선교사의 글에 부족한 제가 이렇게 글을 드리게 되어 무한한 기쁨이라 생각합니다.

누군가 제게 "제자들선교회DFC 공동체에서 제자 사역의 모범이 되는 사람이 누구냐?"라고 묻는다면 '꼭!' 떠올리게 되는 분 중의 한 분이 바로 리민수 선교사입니다. 선교사님은 제자 사역의 'F.M.filed manual'을 보여 주신 분입니다.

저는 『캠퍼스 행전』을 읽으면서 영혼을 향한 가슴 뭉클한 사랑에 눈시울을 적시기도 하고, 복음의 확신과 열정에 가슴이 뜨거워지기도 했습니다. 말로만 전하는 복음이 아니라 복음으로 살아 내고, 복음적 사랑으로 세워져 온 수원 DFC 제자 공동체를 보면서 큰 도전을 받았습니다. 제자 공동체를 세우기 위해 주님 앞에 몸부림치는 사역자의 아픔과 고뇌와 헌신에도 큰 감동을 받았습니다. 무엇보다 이러한 사역을 통해 일하시고 역사하시는 하나님의 은혜에 깊은 감동을 받았습니다.

제가 생각할 때, 제자 사역은 '복음의 확신과 선포와 가르침'이며, '복음에 합당한 삶과 헌신' 그리고 '한 영혼을 향한 차별 없는 사랑의 관계와 섬김'이 한데 어울려 이루어지는 것입니다. 이러한 면에서 이 책은 저에게 사역자로서의 삶을 다시 한번 반성하게 하고, 사역자로서의 초심을 다시 세우게 합니다. 그리고 자연스럽게 우리 마음을 제자의 삶으로 이끕니다. 때로는 잔잔한 도전으로, 때로는 깊은 감동으로 다가옵니다.

주님의 제자로서 영혼 사랑이 무엇인지, 공동체가 무엇인지, 영혼을 돌보는 것이 무엇인지, 사명이 무엇인지 알고 싶은 분 모두에게 이 책을 적극 추천합니다.

『캠퍼스 행전』을 추천하며

장근성 목사
학원복음화협의회 상임대표

『캠퍼스 행전』은 DFC 선교사인 리민수 선교사의 삶과 사역에 대한 기록입니다. 무엇보다도 그동안 열방 선교 사역에 관한 책에 비하여 상대적으로 캠퍼스 사역자_{일반적으로 간사 혹은 선교사로 호칭}의 삶과 사역 이야기를 담은 책이 거의 없는 상황에서 이런 귀한 책을 출간하게 된 것이 얼마나 다행인지 모릅니다. 그런 의미에서 이 책은 캠퍼스 사역자들의 삶과 사역 그리고 애환의 일단을 들여다 볼 수 있는 매우 귀한 자료라고 할 수 있습니다.

리민수 선교사는 일반적으로 안정을 추구하는 시기인 40세에 여러 가지 유익과 혜택을 포기하고, 하나님의 부르심에 순종하여 캠퍼스 사역자로 헌신하였습니다. 그리고 열악한 환경 속에서도 충성스럽게 사역을 감당했을 뿐만 아니라, 지금도 여전히 뜨거운 열정으로 캠퍼스 현장에서 선교를 감당하고 있습니다.

이 책에서 한 신앙인의 신앙과 삶, 한 캠퍼스 사역자의 캠퍼스를 향한 열정과 헌신 그리고 한 사역자의 영혼을 사랑하는 마음과 동역자들을 향한 사랑을 볼 수 있습니다. 더불어 지난 20여 년간의 캠퍼스 선교의 다양한 측면을 볼 수 있습니다. 캠퍼스와 학생들의 변화와 사역 환경의 변화 등이 그 예입니다. 뿐만 아니라, 이 『캠퍼스 행전』에서 캠퍼스 선교의 동력을 볼 수 있습니다. 졸업생들의 자발적인 헌신과 후원, 많은 개인 후원자와 교회의 사랑이 담긴 섬김과 후원 그리고 가족의 응원이 그 좋은 예입니다.

이 책은 오늘도 척박한 캠퍼스 현장에서 "복음과 함께 고난을 받으라(딤후 1:8)."는 말씀에 순종하여 복음 사역을 감당하고 있는 사역자 모두에게 큰 응원이 될 것이라고 믿습니다. 그리고 감동과 눈물이 있는 이 귀한 책을, 지금도 캠퍼스 현장어서 새로운 '사도행전'의 역사를 이어가고 있는 수많은 동역자와 캠퍼스 선교에 관심이 있는 분 모두에게 적극 추천합니다.

추천의 글

이 책이 반드시 출판되어야 하는 이유

김재현 형제
책 출간을 강력하게 요청했던 제자

나는 다음과 같은 이유로 이 책이 반드시 출판되어야 한다고 생각합니다.

첫째, 이 책은 캠퍼스 사역의 과거, 현재, 미래를 담고 있습니다. 저자 리민수 목사님은 군 장교로 15년, 캠퍼스 사역으로 21년인 60대 캠퍼스 현역 사역자입니다. 이 책은 목사님의 지난날 캠퍼스 현장 사역의 소중한 경험과 캠퍼스 사역의 현 주소 그리고 현 위치를 담고 있으며, 앞으로 캠퍼스 사역이 어떻게 될 것인지 그 미래를 조명할 수 있는 지혜를 담고 있다고 생각합니다.

둘째, 기독교 서적 중 국내에서 유일하게 캠퍼스 사역의 현실을 보여 주는 책이라 생각합니다. 이 책은 설명문이 아니고 설교집은 더더욱 아닙니다. 캠퍼스 현역 사역자의 영적 전투 일지입니다. 목사님 자신에게 고하는 오직 순수한 성찰만 있습니다. 무엇을 과대하거나 뽐

내는 것도 없습니다. 그런 만큼 이 책은 캠퍼스 사역 현장의 상황을 있는 그대로 전합니다.

셋째, 많은 사람에게 캠퍼스 청년들의 기독교적 위기를 제대로 알릴 수 있습니다. 많은 사람이 요즘 대학 청년들의 기독교적 위기에 동의하지만 구체적으로 어떤 위기를 겪고 있는지 잘 모릅니다. 그래서 현재 기독교적 위기 특히, 캠퍼스의 위기를 진단할 전문가가 필요하다고 생각했습니다. 저는 리민수 목사님이 캠퍼스 현장 사역의 고충과 캠퍼스가 어떤 위기를 맞고 있는지 가장 잘 진단하셨다고 나름 평가하고 있습니다.

이런 면들을 종합해 볼 때, 저는 이 책의 출판을 누구보다 반기고 있습니다.

나는 1977년에 캠퍼스에서 예수님을 영접하고 캠퍼스에서 양육된 순수한 선교단체 출신 사역자다. 그래서 자연히 캠퍼스 비전을 품었다. 대학을 졸업하고 ROTC 장교로 임관해 전후방에서 15년 동안 근무했는데, 그중 절반인 7년을 특전사에 있었다. 그리고 1995년 어느 날, 30사단 참모로 재직하던 중 하나님의 부르심을 받고 캠퍼스로 돌아왔다. 그때 내 나이 40세였다.

당시 선교단체 본부에서는 행정 사역을 맡아 달라고 했으나, 나는 야전캠퍼스을 택했다. 그리고 지부가 없는 수원을 개척하기로 결심했다. 당시 수원은 나와 아무 연고가 없는 곳이었다.

1996년 1월 1일부로 수원지역으로 발령받고 개척을 시작했다. 그리고 개척 사역과 함께 사역 칼럼을 쓰기 시작했다. 말이 칼럼이지 사실은 조악한 사역 일지이자 사역 일기였다.

이렇게 사역 칼럼을 쓴 이유는 나 자신의 자기 관리를 위해서였다. 나는 2-3일에 한 번씩 사역 칼럼을 썼다. 2000년 수원지구 홈페이지가 생기면서 그곳에 별도로 "리민수 칼럼" 난을 만들고 내용을 공유했다. 이제 모아진 글이 벌써 2,700개가 넘는다.

얼마 전, 졸업한 한 제자가 찾아왔다.

캠퍼스 행전

"목사님, 홈페이지에 올린 칼럼이 너무 귀해서 출판을 하면 어떨까 하는 마음에 목사님 허락도 없이 제가 아는 출판사 사장님께 문의했습니다. 목사님 칼럼을 출판해도 될까요?"

이것이 이 책을 엮게 된 계기다. 나는 책을 만들기 위해 칼럼을 쓴 것이 아니다. 사역에 성공한 사람도 아니고, 사역을 은퇴한 사람은 더더욱 아니다. 단지 나의 사역 일지였고, 자기 관리 수단이었을 뿐이다. 그래서 조심스러웠다. 하지만 이 형제의 열심을 하나님의 인도하심으로 믿고 출판을 결심했다.

학원복음화협의회에서 2년마다 대학생 의식 조사를 한다. "2012 한국대학생의 의식과 생활에 대한 조사 연구" 설문에 따르면, 대학생 1,000명 중 그리스도인은 172명17.2%이었다. 이들 기독 대학생 중 선교단체에 참여한다고 응답한 학생은 13명으로 0.8%에 불과했다. 기독 대학생 100명 가운데 불과 1명만 캠퍼스 사역에 동참하고 있는 것이다. 하지만 이것도 벌써 거의 6년 전의 일이다. 지난 시간 동안 세상도, 교회도, 캠퍼스도 상황이 크게 달라졌다. 실제로 선교단체 가입 인원이 현격히 줄었다. 현재 캠퍼스 중에는 기독 동아리 문을 닫는 경우도 있는 실정이다.

지난 해 선교한국에서 들은 어느 목사님의 말에 공감한다.

"우리 캠퍼스는 선교 오지가 되고 있다."

나는 자칭 '캠퍼스의 영적 파수꾼'이다. 파수꾼은 혼자 지키지 않는다. 그런데 나는 그 수많은 파수꾼 중 한 명일뿐이다. 나는 선지자 자격이 없는 사람이지만 선지자적 삶을 살고 싶다. 그리고 이 시대 청년들을 살리고 싶다. 청년들을 깨우고 싶다. 나는 전도자로 살고 싶다. 그래서 캠퍼스 사역을 결단했고, 또 사역 칼럼을 꾸준히 써 왔다. 그래서 내가 쓰는 이것은 책이 아니라 사역이다.

이 책은 결코 사역의 성공담이 아니다. 전국에 있는 캠퍼스 동역자들의 희로애락을 공유한 서신서다.

사도행전은 성령행전이며, 바로 예수님의 제자행전이다. 그래서 이 책의 제목을 "캠퍼스 행전"이라고 했다.

사역은 영적 전투다. 그래서 차례도 전투 상황을 연상시키는 용어로 구성했다. 이 책은 이제 막 60대에 접어든 한 캠퍼스 사역자가 캠퍼스라는 광야에서 벌이는 치열한 영적 전투 일지다.

2018년 7월 1일
제자들선교회 수원센터에서
주님의 작은 종 리민수 목사

부르심

The calling: 소명

말씀하시되 나를 따라오라 내가 너희를 사람을 낚는 어부가
되게 하리라 하시니 그들이 곧 그물을 버려두고 예수를 따르
니라(마 4:19-20).

전화(Calling) 그리고 부르심(The calling)

오늘 한 통의 전화를 받았다.

"이 소령, 잘 있지? 나, 진 목사야. 다름이 아니라 혹시 간사로 지원할 생각 없어? 지금 이 소령이 와 주면 좋을 것 같은데."

나의 영적 어버이이자 스승으로 제자들선교회ᴅꜰᴄ 대표이신 진공렬 목사님의 전화였다.

"목사님! 갑작스러워서 … 좀 기도하고 전화 다시 드리겠습니다."

언젠가 내가 캠퍼스 사역자로 헌신하고 싶다고 목사님께 건넨 말을 기억하고 연락하신 것이다. 하지만 나는 군복무 20년을 채우고 연금을 받게 되는 그 때를 염두에 둔 이야기였다. 내가 20년의 군복무를 채워야 하는 이유는 캠퍼스 사역자간사들의 후원 제도 때문이다. 선교단체의 후원 제도는 참 아름다운 제도지만 우리 정서에는 맞지 않는다. 그래서 나는 연금 대상자가 될 때쯤, 후원을 받지 않고도 사역에 전념할 수 있으리라 생각했다. 하지만 그러려면 앞으로 5년을 더 근무해야 한다. 게다가 몇 개월 후면 중령 진급이다. 내가 그동안 진급을 위해 육군대학에서 얼마나 열심히 공부하고 근무했는데 …. 소령으로 전역한다는 것이 못내 아쉬웠다. 그래서 지금은 아니라고 생각했다.

그러나 마음이 계속 편치 않다. 나에게 이 한 통의 전화Calling가 의미하는 바는 매우 크다. 이것이 곧 하나님의 부르심The calling 일지도 모

른다는 생각 때문이다. 오후 내내 일이 손에 잡히지 않는다. 고민을
가슴에 안고 퇴근했다. 하지만 이 부르심에 대한 고민은 점점 깊어져,
결국 밤새 잠을 설쳤다. 하나님은 지금 내 반응을 기다리고 계신다.

즉시 전역 지원서 제출

이른 아침, 상황 보고를 마치자마자 인사처에 들려 전역 지원서를
제출했다. 수많은 군인이 작성했을 '전역 지원서'지만, 오늘 내가 쓴
전역 지원서의 의미는 그와는 완전히 다르다. 정년에 이른 것도, 불미
스러운 일로 불명예 전역을 하는 것도 아니기 때문이다. 쓰고 싶지 않
지만 써야 하는 전역 지원서다. 누가 강요한 전역서가 아니다. 내가
자원한 전역서다.

'확실한 미래'를 포기하고, '불확실한 미래'를 선택했다. 이것은 온
전한 믿음의 결단이었다. 이렇게 결심하는데 딱 하룻밤이 걸렸다. 나
는 이 부르심이 정말 하나님에게서 온 것이라면, 조금도 지체해서는
안 된다고 생각했다.

말씀하시되 나를 따라오라 내가 너희를 사람을 낚는 어부가 되게 하리라 하
시니 그들이 곧 그물을 버려두고 예수를 따르니라(마 4:19–20).

이 말씀에서 주목하는 부분은 보통 "나를 따라오라 내가 너희를 사람을 낚는 어부가 되게 하리라."이다. 하지만 나는 '곧'이라는 단어에 주목했다. 이 단어는 바로 캠퍼스 시절부터 내가 가졌던 신앙의 자존심이다.

내가 전역서를 제출했다는 소식이 참모부에 알려지자 이내 술렁였다. 내가 그동안 단 한 번도 '전역'이라는 단어를 입에 올린 적이 없기 때문에 모두 의아하다는 눈치다. 온종일 일이 손에 잡히지 않는다. 일과가 끝날 무렵 사단장 전속부관에게서 인터폰이 왔다.

"참모님! 사단장께서 오늘 일과 후에 간부 사우나실로 오라고 하십니다."

간부 사우나실에는 사단장과 참모장이 먼저 와 계셨다.

"정훈政訓 참모! 전역을 재고할 생각은 전혀 없는가?"

걱정스럽게 물으시는 말에 나는 분명히 말씀드렸다.

"예, 사단장님! 제 뜻은 변함이 없습니다."

이제 아빠는 피자도 치킨도 못 사 줄 거야!

전역 지원서를 제출하고 2주가 지났다. 요즘 날마다 마음이 많이 복잡하다. 하나님의 부르심에 온전히 순종했다는 감사함에도 불구하고 불확실한 미래에 대한 염려가 늘 있기 때문이다.

캠퍼스 행전

오늘은 초등학교 4학년인 아들과 새벽기도를 다녀왔다. 부대 언덕에 있는 군 교회로 가는 길은 약간 오르막길이다. 아들의 손을 잡고 언덕을 올라가며 말했다.

"주일아! 이제 두 달 후에는 아빠가 군대를 제대하고 대학생 전도를 시작한단다. 그런데 그때부터는 너무 가난해서 너에게 피자도, 치킨도 사 줄 수 없을지 몰라. 어쩌면 방 한 칸에서 아주 불편하게 살지도 모르는데 괜찮겠어?"

"예, 아빠!"

참으로 가혹한 아버지의 말에 아들은 단호하고 힘차게 대답했다. 마치 모리아산에 오르는 이삭처럼 말이다.

내가 이렇게 무모한 결정을 한 것에는 그만한 이유가 있다. 바로 캠퍼스 시절 하나님께 드렸던 서원이다.

나는 대학교 1학년 때인 1977년 9월 12일 오후에 예수님을 만났다. 그날 대전 문화동 캠퍼스 교양학부 벤치에 홀로 앉아 있던 나에게 한 낯선 선배가 다가왔다. 바로 기계과 김홍혁 선배_{현재 장로}다. 선배는 내게 양해를 구하고 '전도 소책자'를 읽어 주고는 이렇게 물었다.

"예수를 영접하시겠습니까?"

놀랍게도 나는 아무 거부감 없이 "예!"라고 대답했다. 그 순간은 내 생애 가장 중요한 날이었다. 그리고 달라진 인생관, 그것은 '오직 예수!'와 캠퍼스 복음화였다. 이렇게 나는 하나님의 부르심에 순종하여 지체 없이 전역을 결심한 것이다.

그 이후에 토목과 출신 남송현 선배_{현재 장로}가 나를 양육했다.

중대한 돌출 행동일 뿐

"필승! 소령 리민수는 1995년 5월 31일부로 전역을 명命 받았습니다!"

마침내 15년간의 군복무를 마쳤다. 정작 충격을 받은 것은 불신자이신 내 아버지셨다. 아버지께서 얼마나 충격을 받으셨는지 그 후 그날의 일기를 내게 보여 주셨다.

제목: 민수가 제대하다! 민수가 군에서 제대했다고 알려 왔다.

너무 어이가 없어 할 말을 잃었다. 육군 소령! 그것도 중령 진급이 얼마 남지 않은 이 시점에서 전역이라니? 그동안 국방부장관상과 육군 참모총장상 등 많은 상을 받았고, 이변이 없는 한 중령 진급까지는 무난할 것이라 했었는데, 전역이라니? 내 가문에 다시없는 광영이었는데, 한순간에 암흑 속으로 사라져 버리고 말았다. 그것도 이렇게 갑자기 전역하다니 충격이 이만저만이 아니다. 물론 제 장래를 위한 결정이라고 하지만 도대체 앞으로 어떻게 살려고 그런 무모한 결정을 했단 말인가? 앞으로 교회 계통에서 자원봉사를 한다고 하는데, 아비가 아니라도 세상에서 누가 찬성할 것인가? 나처럼 예수 믿는 것을 탐탁지 않게 여기는 부모를 평생토록 충격에서 벗어나지 못하게 한 중대한 돌출 행동일 뿐이다. 생각해 보라! 저가 내 처지라면 쉽게 수긍이 가겠는가? 더욱이 내가 그동안 저를 어떻게 키웠는데 이런 결정을 했단 말인가? 자식들은 내 사는 보람이며 긍지요 나의 전부다. 그런데 이제 이 모든 것이 물거품이 되고 말았다.

그동안 아버지는 자신의 인생을 모두 자식인 우리들에게 거셨다. 나는 이런 아버지의 여망을 완전히 짓밟은 불효자가 된 것이다. 큰 상처와 아픔을 드린 아버지께 그저 죄송하고 또 죄송할 따름이다.

첫 급여(후원) 8만 6천 원

"후원금 합계 10만 원! 본부 공제 1만 4천 원! 수령액 8만 6천 원!"

오늘 본부로부터 첫 급여를 받았다. 급여액이 90% 이상 줄었다. 한 달 사이에 나에게 가장 큰 변화다. 8만 6천 원은 생계는커녕 교통비도 되지 않는 금액이다. 하지만 이것은 내가 각오한 바다.

이제 내게 새 삶이 시작되었음을 실감했다. 그나마 나에게 얼마 안 되는 퇴직금이라도 있다는 사실이 다행이었다. 하지만 다른 간사들은 모두 이런 삶을 살고 있다. 모두가 그저 기적같이 하루하루 살고 있는 것이다. 그렇게 버티다 결국 안 되면 퇴직해서 다른 길을 가기도 하는 것 같다.

옛날 빨치산들은 세 가지 각오, 즉 '굶어 죽을 각오! 맞아 죽을 각오! 얼어 죽을 각오!'를 했다고 한다. 나도 그런 각오로 캠퍼스로 돌아왔다. 그러고 보면 나는 이미 미친 사람이다.

우리가 만일 미쳤어도 하나님을 위한 것이요 정신이 온전하여도 너희를 위한 것이니 그리스도의 사랑이 우리를 강권하시는도다 우리가 생각하건대 한 사람이 모든 사람을 대신하여 죽었은즉 모든 사람이 죽은 것이라(고후 5:13–14).

개척자냐? 관리자냐?

며칠 전, 2개월의 수습 선교사 훈련을 마치고 본부 맏가지 담당 간사로 발령받았다. 맏가지는 졸업생을 총칭하는 본회의 고유 명사다.

지난 몇 개월 동안 내가 맡아 온 일도 중요하지만 앞으로 계속 감당할 일은 아니라는 판단이 들었다. 다시 말해서, 나는 '야전_{캠퍼스 사역}'으로 가고 싶었다. 내가 전역한 유일한 이유는 '캠퍼스 전도'를 하기 위함이었다. 용기를 내서 내 의견을 대표에게 말씀드렸다.

"목사님! 저 필드_{캠퍼스} 사역을 하고 싶습니다."

얼마 전, 다행히 내 의견이 수용되었다. 그래서 나는 요즘 사역지를 고민하고 있다. 우선 두 선택지가 있다. 하나는 내 고향 같은 대전에 남아 사역하는 것이고, 다른 하나는 다른 지구를 개척하는 것이다. 전자는 전혀 고려하지 않고 있다. 그래서 다른 지구를 개척하기로 마음먹었다. 나 스스로 소위 낙하산을 원하지 않은 이유도 있지만, 여기에 사도 바울의 영향이 크게 작용했다.

또 '관리자'로 살기보다 '개척자'로 살고 싶었기 때문이다.

그렇다면 어디에 개척 깃발을 꽂을 것인가? 대전에서 인접한 청주? 아니면 광역시 중에 아직 DFC가 없는 인천? 아니면 가장 큰 도청 소재지 수원? 고심 끝에 결국 아무 연고도 없는 수원을 사역지로 선택했다. 하지만 믿음의 선배들이 언제 연고를 찾아 사역했던가!

■ 나는 1996년 1월 1일부로 수원지구 대표로 인사발령을 받았다.

1996.01.01.

목표와 방향

1996년 1월 1일! 새해 아침이다. 나는 그 어느 해보다 설레는 새해를 맞이했다.

오전 내내 각종 자료를 뒤져 수원지역 캠퍼스 현황을 파악했다. 수원지역 대학이 약 17개 그리고 대학생이 약 14만 명! 여기가 앞으로 개척해 나갈 나의 영적 산지다.

오후에는 앞으로의 '수원지구 사역 목표와 방향'을 정했다.

표어: '행동하는 제자들!'

사역 목표: 100명 양육지구

성구: 사도행전 20장 24절

"내가 달려갈 길과 주 예수께 받은 사명 곧 하나님의 은혜의 복
음을 증언하는 일을 마치려 함에는 나의 생명조차 조금도 귀한
것으로 여기지 아니하노라."

구호: "하나 되어! 더불어! 땅끝까지! 행동하는 제자들!"

상징 색: 파랑('청년, 생명, 희망'을 상징)

상징 동물: 독수리(역동성을 상징하며 비상하는 이미지)

주제가: "우리 오늘 눈물로"

사역의 생명은 역동성이다. 여기에 걸맞는 표어가 바로 "행동하는
제자들"이다. 이런 사역 목표와 방향을 정하는 데 있어서 나는 전前
하버드대학교 총장 나단 푸시Nathan Pusey의 도전에 영향을 받았다. 그
는 젊은이들에게 "흔들 수 있는 깃발! 믿을 수 있는 신조! 부를 수 있
는 노래! 따를 수 있는 지도자가 있어야 한다."라고 했다.

이제 사역 목표와 방향은 정해졌다. 다만 나 자신이 "따를 수 있는
지도자"가 될지는 전적으로 앞으로 내 자세에 달려 있다.

캠퍼스 행전

제2부

개척자

개척 원년

여호수아가 그들에게 이르되 네가 큰 민족이 되므로 에브라임 산지가 네게 너무 좁을진대 브리스 족속과 르바임 족속의 땅 삼림에 올라가서 스스로 개척하라 하니라 그 산지도 네 것이 되리니 비록 삼림이라도 네가 개척하라(수 17:15, 18 상반절).

3무(無) 3유(有)

　수원지구 개척을 명받은 지 일주일째다. 아직은 한겨울이고, 캠퍼스 강의실 문은 굳게 닫혀 있다. 지구 개척을 위해 이미 민혜영 간사가 와 있었다. 수원에 사역자를 파송하고 '오직 전화기 한 대'만 지원해 주었다. 031-252-9196 이 번호는 지금까지 사용하고 있다.! 더 기막힌 사실은 사역의 거점으로 사용할 베이스캠프가 없다는 것이다.

　3무無 3유有! 수원지구에는 '세 가지가 없고, 세 가지가 있다.' '없는 것'은 학생, 회관 사역센터, 후원자 지원 부대다. 그렇다. 나는 지금 그 황량한 광야에 선 것이다. 그야 말로 앞으로 '맨땅에 박치기'를 해야 한다.

　그런데 감사하게도, 세 가지가 있다. 든든한 '동역자들 민해영. 이종호. 임효진. 류희정 간사'과 '전화기 한 대' 그리고 가장 중요한 것, 바로 내게 있는 '열정'이다.

　오후에 수원역 인근 부동산중개소를 돌아다녔다. 센터로 사용할 만한 사무실을 구하기 위해서다. '전략적 선택'으로 수원역 근처에 센터를 마련하고 싶었다. 수원역은 사통팔달의 교통 중심지이자, 스쿨버스 존이다. 여러 곳을 둘러보고 수원역에서 7분 거리에 있는 한 오피스텔을 계약했다. 바로 '골든프라자 706호'로 이곳은 수원지구 첫 회관이자 캠퍼스 개척을 위한 베이스캠프다. 회관 임대료는 이홍배 형제 고교, 대학, 선교 동아리 후배, 현재 장로로 한세대학교 사역을 함께 섬기고 있다. 가 후원하기로 이미 약속했다. 형제는 수원지구 첫 후원자다.

개강 첫 날

1996년 3월 4일 월요일! 이제 드디어 개강이다. 임효진 간사는 수원여자대학교를, 이종호 간사는 수원과학대학교를 담당했다. 나는 집에서 가장 가까운 아주대학교와 경기대학교를 맡았다.

오늘은 설렘과 기대 속에 아주대학교 캠퍼스로 나가는 날이다.

출근 시간대는 늘 심각한 정체를 이룬다. 밀리는 차 안에서 나는 늘 성경을 암송한다. 학생들을 지도하는 데 유일한 무기는 하나님의 말씀이기 때문이다. 출근 전에 그날 암송할 성구를 포스트잇에 써서 운전석 앞에 붙였는데, 캠퍼스 시절 암송했던 말씀을 우선 복습했다.

그렇게 캠퍼스에 도착했지만 그곳에서 나를 반겨 줄 사람은 아무도 없다. 교정에는 차가운 봄비만 계속 내리고 있다. 3월초의 이른 아침, 캠퍼스는 아직 겨울임을 체감한다.

불현듯 그 옛날 1970년대 선후배들과 함께 캠퍼스를 누비던 생각이 난다.

오늘은 하루 종일 비가 온다. 비 내리는 캠퍼스! 동아리방이 없으니 마땅히 가 있을 곳이 없다. 그래서 차 안에서 혼자 기도했다.

"주여! 이 캠퍼스에 예비된 영혼과 동역자를 보내 주소서!"

점심에는 차에서 김밥으로 끼니를 떠웠다. 식사 후 외롭다는 생각에 차 안에서 혼자 "우리 오늘 눈물로 _{원제 '우리 함께 보리라'}"라는 찬송을 불렀다. 이 후 이 곡은 우리 수원지구의 비전 찬양이 되었다.

우리 오늘 눈물로 한 알의 씨앗을 심는다

꿈꿀 수 없어 무너진 가슴에 저들의 푸른 꿈 다시 돋아나도록

우리 함께 땀 흘려 소망의 길을 만든다

내일로 가는 길을 찾지 못했던 저들의 노래하며 달려갈 그 길

그 날에 우리 보리라 새벽이슬 같은 저들 일어나

뜨거운 가슴 사랑의 손으로 이 땅 치유하며 행진할 때

오래 황폐하였던 이 땅 어디서나 순결한 꽃들 피어나고

푸른 의의 나무가 가득한 세상 우리 함께 보리라

1996.03.11.

첫 아침모임

오전 8시 30분! 아주대학교 성호관 201호 강의실. 감격의 첫 아침모임을 했다. 박미경 자매와 홍춘기, 이희진 형제 그리고 나 이렇게 네 명이 모였다. 첫 아침모임이라 조금은 어색했지만 나에게는 가슴 벅찬 시간이었다. 생각해 보면 정말 놀라운 일이다.

지난 2월, 대학 시절 캠퍼스 사역을 함께했던 선배와 친구에게 수원지역으로 들어온 학생들의 정보를 부탁했다. 얼마 후 몇몇 학생의 명단을 받았고, 그중에 특별히 신앙이 있는 몇몇 친구를 추천받았다. 그 친구들 중 몇 명이 오늘 아침모임에 처음 참석한 것이다.

또 춘기 형제는 태권도부에서 희진 형제를 인도했다. 정말 천군만

캠퍼스 행전

마를 얻은 기분이다.

나는 아침모임을 마치고 전도하려고 야외 강의장으로 갔다. 아주대학교 야외 강의장은 나에게 예수님의 가버나움 같은 곳이며, 내가 전도 베이스캠프로 사용하는 곳이다.

공기는 여전히 차갑지만 날씨가 무척 화창했다. 한마디로 전도하기 딱 좋은 날이다. 오늘 전도한 학생은 모두 네 명이다. 정확하게, 전도하려고 열 명을 만났고, 네 명에게단 직접 복음을 전했다. 안타깝게도 오늘 예수를 영접한 사람은 아무도 없다.

오후에도 별 소득 없이 조금 일찍 센터로 돌아왔다.

캠퍼스에서 돌아온 스태프들과 사격 나눔을 가지며, 오늘 사역자들의 전도 결과를 집계했다. 전도를 위한 접촉 19명, 전도 9명, 영접 2명이다. 지금 우리는 전도 밖에는 할 일이 없다.

1996.03.20.

첫 열매

오늘은 경기대학교에 나가는 날이다. 이 학교 역시 동아리방이 없기에 대학교 솔밭이 사역의 베이스캠프다. 이 솔밭은 양지바른 곳이고 벤치가 여러 곳에 놓여 있어 개인 전도에 아주 적합하다.

요즘 나는 전도 형태를 바꿨다. 먼저 공격적으로 전도해야겠다고 생각했다. 지금까지는 벤치에 혼자 앉아 있는 학생들에게 다가가 복음을 전했다. 그러다 보니 어떤 날은 그냥 시간만 허비하였다. 이것은 아니다 싶어, 모여 있는 사람 수에 관계없이 전도하기로 마음먹었다.

하지만 현실은 만만치 않았다. 자기들끼리 한창 이야기하는데 누군가 끼어들어 전도를 한다? 이것은 어쩌면 비현실적이다. 그렇다고 개인 전도에 마냥 시간을 보낼 수만은 없었다. 그래서 학생들에게 최대한 양해를 구하고 예의를 갖추어 복음을 전하는 것이다.

그런데 오늘, 대박이 났다. 관광학과 세 명의 친구에게 복음을 전했는데, 박현수 형제는 이미 신앙이 있었고, 나머지 서영훈, 하진영 형제는 초신자다. 이 두 명이 오늘 복음을 받아들인 것이다. 더구나 모두 동아리를 함께하기로 했다. 할렐루야!

경기대학교에서 얻은 첫 열매이기에 이들이 특별히 감사했다. 캠퍼스 사역 2주 만에 일어난 기적이다. 당장 내일부터 이들과 아침모임을 하기로 했다. 퇴근하면서 얼마나 흥분되고 기뻤는지 모른다.

■ 경기대학교 첫 열매 삼총사는 겨울 금식수련회도 참석했으나, 2학년 들어 군 입대를 한 후, 안타깝게도 지금까지 아무 소식이 없다. 이것이 오늘 캠퍼스 사역자의 애환이기도 하다.

1996.04.20.

패싸움과 합의금

어제 낮에 아주 황당한 일이 있었다. 첫 제자 중 한 형제가 급하게

캠퍼스 행전

나를 찾아왔다.

"간사님! 부탁이 있어서 왔습니다. 다름 아니라 어제 저녁에 저희 학과 회식이 있었는데, 태권도부 애들과 식당에서 싸움이 붙었습니다. 그런데 간사님도 아시다시피 제가 태권도부잖아요. 물론 저야 양쪽에 다 속해 있으니 어느 편도 들지 않았습니다. 문제는 한 친구가 많이 맞아서 이빨이 두 개 부러졌는데, 그 친구 아버지가 경찰이랍니다. 이 문제를 빨리 수습해야 하는데 합의금이 필요해서 찾아 왔습니다. 물론 저야 그 싸움에 가담하지는 않았지만 양쪽 모두 저와 관계가 있어서 제가 수습하려고 나섰습니다."

"아! 그런 일이 있었어? 그럼 내가 어떻게 도와주면 되지?"

"100만 원 정도 있으면 좋겠습니다."

나는 더 묻지 않고 100만 원을 만들어 주었다. 내가 한 달에 받는 후원금은 50만 원이 채 안 된다. 그런데 내가 무엇과도 바꿀 수 없는 애제자 춘기 형제의 부탁이었기에 흔쾌히 100만 원을 줄 수 있었다.

형제는 1977년생이고, 나는 1977학번이다. 이런 상징적인 의미 외에 내게는 귀한 동역자다. 지난 2월, 고등학교 교사로 있는 친구에게 춘기 형제를 소개받았다. 그 후 형제는 선배도, 후배도 없는 우리 동아리에서 한결같은 자세로 동역했다. 그래서 나는 형제에게 늘 빚을 지고 있다고 생각했다.

하지만 내가 그 형제를 도운 것은 그 때문만은 아니다. 형제는 지난 학기 내내 거의 채플에 빠지지 않았다. 더욱 감동적인 것은 인천에 살면서도 새벽에 일어나 아침모임에 거의 빠지지 않았다는 것이다.

형제는 고등학교 때 교회에서 '학생과장'이라는 별명이 붙을 만큼 신앙과 인격이 올곧은 믿음의 청년이다. 그러니 형제를 위해서라면 내게 100만 원이 뭐 대수겠는가!

첫 성경 대학

2학기 개강 첫 주가 지나고 있다. 긴 여름 방학 후에 많은 변화가 있었다. 지난 학기를 시작할 때만 해도 '3無 학생, 센터, 후원자도 없는 상태'였는데, 이제 센터와 학생도 생겼다.

지난 학기 말로 지구 멤버십은 15명 아주대학교 7명, 경기대학교 3명, 수원여자대학교 2명, 수원과학대학교 3명이었다. 많은 지체가 방학 동안에 공동체를 떠났기에, 이중 2학기 채플에 참석하는 사람은 7명 내외였다. 채플 인원이 적어 참 초라해 보이지만, 나는 저들을 보면 가슴이 뛴다. 하지만 이제 시작일 뿐이다.

기업가에게 가장 중요한 것이 머니 파워 money power 라면, 정치가들에게 가장 중요한 것은 맨파워 manpower 다. 마찬가지로 사역에 있어서 가장 중요한 것은 '영적 파워 spiritual power'다. 그리고 영적 파워의 원천은 '하나님의 말씀'이다.

하나님의 말씀에는 구원에 이르는 지혜가 있다.

하나님의 말씀은 성도의 영적 양식이다.
하나님의 말씀은 전사의 영적 검이며, 영적 무기다.

따라서 말씀 훈련이 중요하기에, 학생들을 대상으로 '성경 대학'을 실시하기로 했다. 성경 대학 내용을 우선 모세오경으로 정하고, 이를 위해 지난 한 달간 강의안을 만드는 데 집중했다. 나름 충분히 준비하고 학생들을 기다렸다. 하지만 기대와 달리 성경 대학에 4명 홍춘기, 양형권, 이희진 형제와 이연경 자매만 참석했다.

처음부터 철야 계획을 세우는 등 너무 욕심을 낸 탓도 있다. 의욕적으로 한 달 동안 준비한 보람이 많이 상쇄되기는 했지만, 첫 술에 배부를 수는 없기에 스스로 위로했다.

이것은 짐승의 집단입니다!

지구 사역자들이 한 자리에 모였다. 각 캠퍼스 상황을 점검하고 기도회를 가졌다. 간단히 저녁 식사를 하고, 이어지는 나눔 시간 중에 임효진 간사가 편지 한 통을 내놓으며 말했다.

"간사님! 이거 연경이 편지예요. 좀 읽어 보세요!"

무슨 내용이기에 그러나 싶어 얼른 편지를 받아 읽었다.

간사님! 이건 사람이 아닙니다. 짐승의 집단입니다. 전 오늘 너무 충격을 받았습니다. 이제 이 동아리 활동, 더는 안 하겠습니다.

연경 올림

자초지종은 이러했다. 임 간사는 우리 공동체 가운데 가장 큰 대전 지구 출신이다. 그곳에서 금요일마다 찬양집회를 하는데, 임 간사는 수원여자대학교의 유일한 멤버인 연경 자매를 데리고 지난 주 그 집회에 다녀온 것이다. 외롭게 동역하고 있는 연경 자매에게 큰 지구의 모습을 경험시키고 싶었던 것이다.

그런데 연경 자매는 수원여자대학교 1호로 예수를 영접한 초신자다. 그래서 이제 겨우 영적으로 걸음마를 떼는 수준인데, 부흥회 같은 집회와 통성기도를 하는 모습에 심한 충격을 받은 것이다. 그래서 '짐승의 집단이다.'라는 말이 나온 것이다. 두 손을 들고 하는 찬양과 부르짖음이 연경 자매에게는 그렇게 비쳐졌을 것이다. 이 날 집회 후에 연경 자매는 담당 사역자에게 이 편지를 전하고 간 것이다.

■ 그 후 이 자매는 다시 신앙 양육을 잘 받고 졸업했다. 지난 2008년 회관 보증금 문제로 곤란에 처했을 때 어려운 신혼 시절임에도 불구하고 자발적으로 수 천만 원을 무이자로 빌려주어 우리에게 큰 힘이 되었다.

캠퍼스 행전

첫 금식수련회

오늘 금식수련회로 한 해를 마무리했다. 아직 연약한 지구이기에 대전지구와 금산에서 연합수련회를 했다. 총 10명 홍춘기, 이희진, 김종천, 박미경, 한은정, 이연경, 양형권, 박현수, 하진영, 서영훈이 참석했다. 안타깝게도 이 중 세 명이 중간에 포기하고 돌아갔다. 하지만 아무도 없었던 수원지구에서 금식수련회에 10명이나 참석하다니 수련회 내내 얼마나 감사했는지 모른다. 이제 수원지구 단독으로 수련회를 할 날을 꿈꾼다.

수련회를 마치고 첫 임원단을 세웠다. 총가지장 양형권, 부총가지장 이연경, 총무가지장 홍춘기, 아주대학교 대표 김종천, 경기대학교 대표 박현수, 수원과학대학교 대표 양형권, 수원여자대학교 대표 이연경이다.

귀경하면서 만감이 교차했다. 대학시절 이 금식수련회로 나도 지금 이 순간 바로 여기에 있게 된 것이다. 당시 나는 금식수련회에 참석하지 못했다. 그런데 방학이 끝날 무렵 회관으로부터 '추가 금식수련회'를 한다는 안내장이 왔다. 놀랍게도, 그때는 수련회에 가고 싶다는 생각이 들어 참석했다. 말이 수련회지 회관에서 3일 동안 학생 10명 정도가 굶으면서 오로지 성경공부를 하는 것이었다.

고故 이인숙 간사님께서 에스더서를 강해해 주셨다. 나에게 그 수련회는 인생의 전환점이 되었다. "죽으면 죽으리라!"는 신앙이 생겼다. 그리고 그때 민족 복음화와 캠퍼스 복음화의 비전을 가졌다. 결국 지금 내가 이 자리에 있는 것이 바로 그 비전의 성취다.

■ 오늘 금식수련회에 참석한 학생들을 집으로 초청하여 석식을 제공해 주신 우리집교회 박성훈 목사님과 나혜자 사모님께 감사한다.

1996.12.31.

전도 접촉 269명, 복음 전도 59명, 영접 16명

개척 원년을 보내는 감회가 정말 새롭다. 먼저, 여기까지 인도해 주신 우리 하나님께 감사와 찬양과 영광을 올려 드린다.

혁명을 함께한 사람을 '동지'라고 하고, 전쟁터에서 동고동락했던 사람을 '전우'라고 한다. 이 두 단어의 공통점은 생명을 건 싸움이 있는 곳이라는 것이다. 그런 의미에서 '동지'와 '전우'는 결국 같은 뜻을 가진 단어다.

그런데 여기 동일한 의미의 단어가 하나 더 있다. 바로 '동역자'다.

먼저 지난 한 해 함께했던 동역자들에게 깊이 감사한다.

홀로 수원지구를 개척하기 위해 몸부림치며 수고한 민혜영 간사!

대전지구라는 안정적인 사역지를 마다하고 개척 지구에서 함께 수고한 임효진 간사!

역시 타 지구 출신임에도 회관 살림살이를 맡아 가며 수원여자대학교를 잘 섬긴 류희정 간사와 주를 위해 모든 것을 포기하고 캠퍼스 사역에 귀한 동역으로 올인한 이종호 간사에게 깊이 감사한다.

또한 외로운 개척 지구에서 함께해 준 동역자이자 제자들에게 깊이 감사한다. 아주대학교 홍춘기, 이희진, 김종천 형제! 경기대학교 박현수, 서영훈, 하진영 형제! 수원과학대학교 양형권 형제! 수원여자대학교 이연경 자매! 이들은 잊을 수 없는 내 믿음의 동지들이다.

그리고 잊어서도 잊을 수도 없는 분이 있다. 바로 배재철 장로님과 이홍배 집사님이다. 지난 해 센터 임대료와 사역자를 후원해 주신 귀한 동역자들이다.

■ 개척 원년 개인전도는 전도 접촉 269명, 전도 59명, 영접 16명이다.

제3부

출전 준비

개강 전 사역

너는 그리스도 예수의 좋은 병사로 나와 함께 고난을 받으라 병사로 복무하는 자는 자기 생활에 얽매이는 자가 하나도 없나니 이는 병사로 모집한 자를 기쁘게 하려 함이라(딤후 2:3-4).

새해 첫날, 청와대 정문에 서다

새해가 밝은 지 3시간이 지났다. 새벽 3시 20분! 서울역 노숙 체험을 마치고 택시를 타고 청와대 정문을 향했다. 심야요금이 적용되어 4,700원이 나왔다. 내가 청와대 정문에 선 이유는 올해는 대통령 선거가 있기 때문이다. 올해 선출되는 지도자는 남북과 동서와 계층과 세대 간의 갈등을 해결해야 하고, '20대의 태반이 백수 이태백'라고 불릴 정도로 침체된 경제도 살려야 하는 중책을 맡게 된다. 그래서 나는 오늘 나라와 민족을 위한 현장 기도를 하려고 청와대 앞에 선 것이다. 청와대가 멀리 바라보이는 경비 초소 앞에서 무릎을 꿇고 하나님께 간절한 마음으로 기도했다. 그리고 새벽 3시 45분! 정부종합청사 앞에서 정직하고 충성된 마음으로 나라 살림을 담당하는 행정부가 되기를 간절히 기도했다.

그러고 나서 1시간 이상 걸어서 남산 팔각정에 올랐다. 새벽 5시 25분! 남산은 상징적으로 수도 서울의 한 중앙이다. 나는 대학생 때도 대전발 12시 완행열차를 타고 가끔 이곳에 왔었다.

나는 청와대 방향을 향해 두 손을 들고 기도했다. 먼저 나라와 민족을 위해, 이어서 올해 수원지구 사역과 부흥을 위해 간구했다. 또한, 지체들 각각의 이름을 부르며 하나님께 중보했다. 그리고 맏가지들과 후원자들의 가정과 자녀와 기업을 위해 기도했다.

오전 6시, 남산은 새해 해돋이를 보려고 올라온 수많은 시민으로 북적였다. 방송국 차량도 여러 대 보였다. 나는 일출을 보려고 산에 오른 것이 아니기에 다음 일정을 위해 곧바로 하산했다. 남산에서 내려와 서울역에서 지하철을 타고 시청역에서 환승한 후, 양화진이 있는 합정역에서 내렸다. 오전 7시 50분 쯤, 양화진 묘역에 섰다.

2015.01.01.

양화진 선교사 묘역에 서다

새해 아침이 밝았다. 지난밤 송구영신 예배를 드리고 새벽 1시에 집에 도착했다. 새해 첫날 첫 시간, 온 가족이 가정예배로 하나님 앞에 예배했다. 예배를 마치고, 오랜만에 치킨 파티를 했다. 그리고 오전 3시 쯤 늦은 잠을 잤다. 대략 4시간 정도 취침하고 일어나 먼저 지구 지체들에게 새해 격려 메시지를 보냈다.

사랑하는 형제자매 여러분!

드디어 새해가 밝았습니다. 올해는 희망이 담긴 이사야서 말씀을 주고 싶습니다.

"보라 내가 새 일을 행하리니 이제 나타낼 것이라(사 43:19)."

그 '새 일'이 단순한 기대가 아니라, 하나님의 은혜로 꼭 성취되기를 기도합니다.

오늘은 금식사경회를 마친 지 2일이 되는 아침입니다. 사경회 때 한 결심이 작심 3일이 되지 않기를 바랍니다. 그리고 사경회 가운데 주님이 각자에게 주신 그 은혜와 도전을 소멸하지 않도록 깨어 있기를 기도합니다. 사도행전은 28장으로 기록이 끝났지만, 복음은 결코 거기서 끝나지 않았습니다.

이제 2015년 새해입니다. '사도행전 2015장'은 우리가 써야 합니다. 여러분은 올해도 "캠퍼스를 흥왕케 하는 제자"가 되기를 기도합니다. 나는 잠시 후에 서울 마포구 합정동에 있는 양화진 선교사 묘역으로 출발합니다. 양화진 순례로 한 해의 사역을 시작하기 위해서입니다. 이제 2015년도 출전(出戰)입니다. 아자! 아자, 파이팅!

오전 10시 10분! 나는 양화진 언덕에 섰다. 한강이 바라보이는 양화진 묘역은 오늘 특별히 고요했다. 올해는 묘역 두 곳을 찾았다. 하나는 '루비 켄드릭' 선교사가 잠든 곳이다. 선교사님은 '처녀'로 순교하여 후손이 없는 분이기 때문이다. 다른 한 곳은 '무명 선교사 묘역- 이름 없는 어린이 묘역'이다.

2015년 첫날! 나는 한 해를 이렇게 시작했다.

2010.02.19.

시동(始動)

어제는 칼바람이 불어 무척 추었다. 그럼에도 아랑곳하지 않고 열심히 신입생을 만나 설문지를 돌리고 있는 지체들! 한편으로 기특하고, 한편으로 안쓰러웠다. 현준, 충재, 승수 형제와 여울, 선영 자매, 경순 간사와 은혜 간사가 정말 애를 많이 썼다. 그리고 저녁에 목요 채플이 있었다.

오늘 아침 8시! 신입생 오리엔테이션이 있는 날이기에 경희대로 향했다. 오늘도 어제처럼 날씨가 매섭다. 그 허허벌판에서 신입생을 만나 동아리를 홍보하는 우리 지체들! 어제 아주대학교에서와 마찬가지로 다른 캠퍼스에서 지원이 왔다. 요한, 준현, 은진 자매와 진실 자매, 경순 간사와 은혜 간사가 수고했다. 날이 너무 추워 편의점에서 뜨거운 캔커피를 사서 손에 쥐여 주었다. 단 5분이라도 온기를 느끼도록 하기 위해서다.

그리고 오전 10시, 한세대학교에서도 신입생 오리엔테이션이 있었다. 성용, 승수, 성현 형제와 여울, 선영 자매, 윤정 간사가 수고했다. 다행히 추위를 피해 실내에서 홍보 설문을 할 수 있었다. 지체들 모두 이른 새벽에 집을 나온 탓에 허기를 느낄 시간이다. 11시가 훨씬 넘어서 사역을 마무리하고 뼈 해장국으로 점심을 먹었다.

오후, 비전 센터에 다시 모여 다음 주에 사용할 포스터와 홍보용 설문을 만들었다. 하지만 오전 시간을 추위에 떨었던 탓인지 피곤이 몰려왔다. 지체들도 많이 지친 모습이 역력하다.

"주님! 어제와 오늘 만난 신입생들의 마음을 친히 만져 주셔서, DFC를 통해 주님을 만나고 예수 그리스도의 제자로 살게 하옵소서! 그리고 이틀간 애쓴 모든 지체의 이름을 기억해 주옵소서! 이름 없이, 빛도 없이 주를 위해 충성하는 이들을 축복해 주소서!"

새벽을 뚫고, 폭설을 뚫고

오늘은 한신대학교 신입생 오리엔테이션이 열리고 있는 용평리조트에서 새내기들을 대상으로 동아리 홍보와 설문을 하는 날이다. 그런데 지난밤 경주에서 비보가 들려왔다. 부산의 모 대학교 신입생 오리엔테이션 행사장 지붕이 붕괴되어 10명의 대학생이 생명을 잃었다는 뉴스다. 더구나 지난밤 영동 지역에 또 대설주의보가 발령되었다고 한다. 나는 오늘 그 대설주의보가 내려진 대관령을 뚫고 다녀왔다.

새벽 5시 30분, 기상하자마자 수원역으로 향했다. 역에서 한신대학교 지체들을 태우고 용평리조트로 갈 계획이었다. 장경순 간사와 이경선, 홍수경 자매가 이미 역에 도착해 있었다.

경차를 몰고 눈이 내리는 영동고속도로를 달렸다. 둔내를 지나면서 눈발이 더욱 거세졌다. 나는 운전하면서 초긴장했다. 용평의 온 들판이 두터운 눈으로 덮여 있었다. 브레이크를 살짝만 밟아도 차량이 통제가 되지 않는 상황이다.

오전 9시가 조금 넘어서 어렵게 행사장에 도착했다. 지체들과 함께 동아리별로 준비된 부스형 홍보 테이블 중에 '한신대 DFC'라고 쓰인 곳에 짐을 풀었다. 나는 따뜻한 차 한 잔으로 긴장을 풀었다. 장경순 간사를 중심으로 동아리 홍보와 설문을 시작했다.

3시간에 걸친 동아리 홍보 행사를 마쳤다. 귀경길에 설문 결과를 분석했다. 약 200명 정도의 학생이 응답했다. 그중에서 약 50여 명이 'DFC에 관심이 있다.'고 응답했다.

악천후를 뚫고 행사장에 갔지만, 돌아올 때는 날씨도 개이고 마음의 여유가 생겼다. 조심스레 귀경길 운전을 하면서 생각했다. '누가 이들의 새벽을 깨우고, 폭설을 뚫고 여기까지 오게 했는가?' 참으로 보배 같은 동역자들이다. 그들을 주님의 이름으로 축복한다.

2009.02.24.

전력(戰力) 차질

이제 새 학기 사역이 본격적으로 시작되었다. 하지만 올해는 사역의 변수가 많다. 우선 든든한 동역자 남우원 간사가 신학 공부와 사역을 병행한다. 그 만큼 사역 공백이 클 수밖에 없다. 하지만 더욱 본질적인 문제가 있었다. 바로 현역 가지장들의 손실 휴학 이 너무 크다. 형제만 보더라도, 재학생은 8명 락희, 요한, 충재, 준현, 승수, 준호, 성용, 경식 형제 인데, 15명 진기, 선동, 상윤, 은태, 이준, 태현, 영준, 민호, 병창, 세즌, 명현, 영훈, 종천, 지후, 선구 형제 이 군휴학 중이거나 휴학을 한다. 새 학기를 앞두고 엄청난 전력 차질이 생긴 것이다. 그 외에도 가정 형편으로 휴학한 형제 3명을 포함하면 거의 20명의 지체가 휴학한다.

왜 이런 현상이 생겼을까? 이는 한마디로 우리 시대 상황의 반영이다. 가정 경제가 악화되어 학비 조달에 문제가 생겼고, 졸업 이후의 취업 불확실성이 조기 군입대라는 결과를 낳았다. 그리고 이렇게 캠퍼스 사역에도 큰 영향을 미치게 된 것이다. 하지만 이는 비단 우리 지구 문제만이 아니라 전 사회적 현상이다. 참으로 안타까운 일이 아닐 수 없다. 그나마 다행은 이윤정 간사와 김은혜 간사가 새로 보강되어 남우원 간사의 공백을 어느 정도 메울 수 있고, 군 복무중인 지체들 가운데 준현, 승수, 준호 형제와 미혜, 미경 자매가 복학했거나 복귀할 예정이라는 것이다. 또 위안이 되는 것은 이 휴학생들이 전역하고 복학하는 2년 후에는 큰 전력 강화가 예상된다는 점이다.

마침 올해 주님께서 내게 주신 말씀은 이렇다.

여호와의 구원은 사람이 많고 적음에 달리지 아니하였느니라(삼상 14:6).

또 여호와의 구원하심이 칼과 창에 있지 아니함을 이 무리에게 알게 하리라(삼상 17:47).

2016.02.19.

총 동원령

이제 출전이다. 오늘은 새 학기 첫 사역이 있는 날! 가지장 모두에

캠퍼스 행전

게 경기대학교 동원령을 내렸다.

이른 새벽, 나는 짐을 싣기 위해 센터에 들어섰다 깜짝 놀랐다. 오늘 지원 사역에 늦지 않으려고 수원여자대학교 가지장들이 센터에서 잠을 잔 것이다. 졸업하고도 여전히 충성하는 우리 찬송, 한나 자매다. 차에 짐을 챙겨 싣고, 지체들을 태우고 학교로 향했다.

오전 7시 55분, 경기대학교에 도착했다. 이미 장성호 형제와 강가임, 이경현 자매가 와 있었다. 이어서 김요한, 최현수, 김성찬, 이주왕, 송누리, 장석진, 김나영, 곽다은 자매가 도착했다. 신입생들이 오리엔테이션에 참석하기 위해 하나둘 등고하기 시작했다.

경기대학교 대표인 성호 형제의 기도로 설문 홍보 사역을 시작했다. 지난 이틀간의 강추위는 다행히 물러갔지만, 날씨는 여전히 쌀쌀하다. 꽁꽁 언 손을 호호 불면서 상냥하게 새내기 한 사람씩 붙잡고 설문하는 지체들의 모습을 보면서 가슴이 뭉클하다.

'이 차가운 날씨에도 저들로 새벽을 가르고 여기까지 오게 한 힘은 도대체 무엇일까?'

오전 9시, 1차 설문을 마치고 캠퍼스 근처 식당에서 따뜻한 해장국으로 아침 식사를 했다. 올해 졸업한 이아름 자매가 식사비를 후원했다. 아직 정식 취업도 아닌 아르바이트로 모은 돈으로 자매가 모교를 위해 헌신하는 후배들에게 귀한 섬김을 한 것이다.

설문을 마친 가지장들은 센터에 다시 모였다. 센터에 도착하자마자 캠퍼스 별로 새 학기에 사용할 포스터를 만들고, 신입생들에게 나눠 줄 스티커와 사탕을 포장했다.

오후 6시 30분! 모든 지체가 하루 일정을 다 마치고 귀가했다.

사역보고 합니다

■ 한세대학교 2월 17일 신입생 설문 결과(보고자: 김성경 형제)

참석자: 김성경, 조성용, 전지혜, 서예지, 김다솜, 이산설, 선우은, 김승수 선교사(계 8명)

결과: 총 133명에게 설문을 받았고, 27명이 관심 있다고 반응했습니다.

■ 한신대학교 2월 18–19일 신입생 설문 결과(보고자: 홍수경 자매)

참석자: 이틀 연속 나온 은이와 다솜이, 성경 가지장님, 논문과 알바로 바쁜 일상을 뒤로 하고 나오신 지혜 가지장님, 아픈 몸을 이끌고 나와 주신 경순, 승수 선교사님

결과: 총 128명 접촉했고, 현재 그중 33명과 연락하고 있습니다.

■ 경기대학교 2월 22일 신입생 설문 결과(보고자: 김예람 자매)

참석자: 저랑 수지, 인환이, 은이, 석진이 그리고 예지, 성경, 찬미, 준호, 수경, 다솜, 혜정 가지장님. 그리고 장경순, 김승수 선교사님, 설문은 1시 조금 넘어서 끝났습니다.

결과: 오전 165명, 오후 163명, 총 328명이 설문에 응했습니다.

■ 아주대학교 2월 25일 신입생 설문 결과(보고자: 윤경식 형제)

캠퍼스 행전

참석자: 아주대학교 경식, 선구, 석진 가지장. 다른 캠퍼스 수경, 다솜, 승연, 은, 예람, 성경 가지장과 김승수, 장경순 선교사님이 수고하셨습니다.

결과: 총 328장의 설문 조사가 실시되었고, 그중 80명 정도와 연락하고 있습니다.

■ 수원과학대학교 2월 26일 신입생 설문 결과는 아직 보고가 올라오지 않았다. 그 추운 날씨에 2시간 이상 애써서 실시한 설문지를 학교 측이 모두 압수(?)했다고 한다. 참으로 황당한 일이다.

■ 수원여자대학교는 3월 4일 입학식 날 설문 조사를 실시한다. 오늘은 오후 1시 교정에서 국기게양대 기도회를 실시했다.

그동안 설문에 참여한 모든 지체에게 주님의 이름으로 격려하며 축복한다.

2017.02.20.

귀한 일꾼들에게 라면을 먹여 미안합니다

오늘은 명지대학교 사역이다. 장경순 선교사가 서예지 자매와 함께 개척한 캠퍼스다.

다음은 어제 오후, 지구 단톡방에 올라온 글이다.

2017년 2월 19일 주일

〔구예영 대표〕 〔오후 3:26〕 내일 명지대학교 신입생 오티(OT)입니다!
도와주실 지체분들은 강남역에서 출발하는 빨간 버스를 타고
오시면 명지대학교 종점에서 내리시면 됩니다! 1시간 반 정도
걸리고 5001번이 제일 빠른 꿀팁입니다. ^^ 내일 아침이라 추
울 것이니 따뜻하게 입으시고 8시 30분까지 와 주세요! ♡♡
〔리민수〕 〔오후 4:00〕 샬롬! 내일 지체들은 8:30 시간 엄수 바랍니다.
일기 예보 상으로 약한 비가 올 수도 있습니다. 우천 시 2인
1조로 진행하려고 합니다. 큰 우산을 필히 가져와야 합니다.
비가 오지 않으면 모든 짐은 내 차에 놓습니다. 만약 비가 오면
한 사람은 신입생에게 우산을 씌어 주고, 한 사람은 설문지를
하면 됩니다.

비상 기도제목

1. 내일 비가 예보되어 있습니다. 그러나 비가 오지 않는 것이 가장 좋
   습니다. 하나님이 비를 물러가게 해 주시도록 기도해 주세요.
2. 내일 설문 시에 예비된 동역자, 예비된 영혼을 만날 수 있도록 기도
   해 주세요.

자, 그럼 오늘 일찍 취침하고 내일 아침에 봐요. 내일 명지대학교 정문
에 누가 나와 있을지 참 궁금합니다. :)

캠퍼스 행전

〔리민수〕〔오전 7:32〕 현재 우리 지체들 자기 위치 보고해 주세요!

〔장성호〕〔오전 7:33〕 성호 지혜, 강남역에서 출발하여 버스 타고 양재 IC 지나고 있습니다.

〔송누리〕〔오전 7:40〕 이제 기흥역입니다.

〔장성호〕〔오전 8:23〕 성호 지혜, 도착했습니다.

〔유한나〕〔오전 8:23〕 이제 기흥역으로 가고 있습니다. ㅠㅠ

〔장성호〕〔오전 8:26〕 지훈 한나, 도착했습니다.

〔정사랑〕〔오전 8:26〕 저도 도착했습니다.

〔리민수〕〔오전 9:10〕 지금 명지대학교는 강풍으로 체감 온도 영하 10도쯤 되네요. ㅜㅜ

오후에 명지대학교 설문 결과가 올라왔다.

〔구예영 대표〕〔오후 12:40〕 설문 결과 보고입니다. 총 설문 인원: 90명. 관심 없다: 40명, 관심 있다/들어 보겠다: 50명(이 가운데 관심 있다: 18명)입니다.

오늘은 강풍을 동반한 비가 약간 내린, 최근 들어 가장 추운 날씨였다. 가장 악조건의 날씨였지만 오늘 명지대학교에 가장 많은 지체가 참여했다. 그런데도 일꾼들에게 '라면'으로 아침 식사를 대접한 것이 지금도 마음에 걸린다.

아빠! 이제 캠퍼스 사역에 변화를 줘야 하지 않겠어요?

■ 하나, 개인정보 무단사용 관련 공지

아래 내용은 서울 소재 한 캠퍼스에서 있었던 일을 사역자 단톡방에 공유한 내용이다. 지금 캠퍼스 상황이 심상치 않게 돌아가고 있다는 느낌을 강하게 받는다.

제35대 동아리연합회입니다.

다름이 아니라 새내기 분들을 대상으로 학내 특정 종교 동아리에서 리크루팅이나 홍보 목적으로 연락을 취한다는 제보가 있었습니다. 특히, 페이스북을 통해 연락처를 알아내 개인톡을 하거나, 설문 조사 이후 폐기한다고 이야기한 개인정보를 통해 연락하는 등의 일이 있었다고 합니다. 이로 인해 피해를 입은 새내기분이 상당히 많다고 하시며, 굉장히 불쾌하고 무례하게 느껴졌다고 합니다. 이에, 다음과 같이 공지합니다.

1. 개인의 허락 없이 구한 연락처를 통해 동아리 홍보 등을 하는 것을 금한다.
2. 이러한 일이 발생할 경우, 즉시 운영위원회에 안건으로 상정된다.

이후 있을 운영위원회에서 이미 행해진 행위에 대해 징계 여부 등이 논해질 예정이며, 추후 좀 더 자세히 공지하겠습니다. 감사합니다.

– 제35대 동아리연합회

안녕하세요, 동아리연합회장 OOO입니다.

다름이 아니라 현재 종교 분과 방에 공지된 특정 종교 동아리 중에 ABC(가명)가 있어 사실관계 확인을 위해 질문을 드립니다. ABC(가명)는 새내기를 대상으로 설문 조사를 진행, 개인정보를 수집했습니다. 이때, 개인정보는 설문 조사 진행 이후 파기한다고 말씀하셨습니다. 그러나 실제로 그렇게 하지 않았고, 설문 조사를 통해 수집한 개인정보로 새내기분들에게 연락을 돌렸습니다. 현재 제보로 파악한 내용입니다. 이것이 맞는지 확인해 주시기 바랍니다.

■ 둘, "아빠! 이제 캠퍼스 사역에 변화를 줘야 하지 않겠어요?"

엊그제 서울에서 직장을 다니는 딸을 만났다. 딸은 캠퍼스 시절, 나와 캠퍼스에서 동역한 동역자이기도 하다. 그리고 지금은 최고의 응원자이기도 하다. 오늘 딸이 걱정스러운 듯이 내게 물었다.

"아빠! 이제 캠퍼스 사역에 변화를 줘야 하지 않겠어요?"

"무슨 말이니? 왜 그런 생각을 했어?"

"제가 잘 아는 기독동아리 분하고 얼마 전 이야기를 나눴는데, 그렇게 큰 선교단체인데도 상황이 많이 안 좋다고 하더라고요. 수원도 거의 비슷한 것 같아서요."

"회사라면 뭔가 획기적인 변화를 줘야 하겠지. 하지만 우리 사역은 한계가 있어. 선교단체 여러 모임에서 캠퍼스 사역의 방향에 대해 세미나도 하고, 토론회도 했지만, 안타깝게도 그런 토론에서 나온 방법으로 사역이 부흥한 경우는 거의 없단다. 우리는 2천 년 전에도 그랬고, 지금도 그렇고, 앞으로도 방법은 딱 하나야. 복음으로 정면 돌파하는 것 밖에는 없어."

이렇게 걱정해 주는 딸이 있어 얼마나 고마운지 모른다. 그리고 딸이 실감할 정도로 캠퍼스 상황이 안 좋구나 생각하니 가슴이 아프다.

> 하나님의 지혜에 있어서는 이 세상이 자기 지혜로 하나님을 알지 못하므로 하나님께서 전도의 미련한 것으로 믿는 자들을 구원하시기를 기뻐하셨도다 (고전 1:21).

아멘!

캠퍼스 행전

제 4 부

영적 전투

Holy War, 전반기 사역

우리의 씨름은 혈과 육을 상대하는 것이 아니요 통치자들과
권세들과 이 어둠의 세상 주관자들과 하늘에 있는 악의 영들
을 상대함이라(엡 6:12).

사역은 영적 전투(Holy War)다

신앙은 영적 전투다! 사도 바울은 디모데에게 "너는 그리스도 예수의 좋은 '병사'로 나와 함께 고난을 받으라 … 이는 '병사'로 모집한 자를 기쁘게 하려 함이라(딤후 2:3-4)."고 했다.

성경은 그리스도인을 종종 '병사'로 비유한다. 병사는 전투하는 사람이다. 그런데 우리는 단순한 병사가 아니다. 우리는 그리스도의 병사다.

전 세계 교회에 큰 영향을 준 영적 갱신 운동가인 후안 카를로스 오르티즈 목사는 "오늘날 교회는 탁아소가 되었다."라고 개탄했다. 이어서 그는 "교회는 하나님의 군사들을 양성하는 병영이 되어야 한다. 이제 교회는 '제자 훈련'에서 '군사 훈련'으로 변화되어야 한다." 라고 했다. 이 말에 전적으로 공감한다.

구세군 교회의 창립자인 윌리엄 부스는 영국 교회의 개혁을 이끌었던 거룩한 주의 종이었다. 그는 교회를 강력한 영적 전투 공동체로 결집시켰다. 그 공동체가 바로 구세군 Salvation Army, 救世軍 이다.

그들은 모두 군복을 입었고, 계급장을 달았다. 목사는 장교 사관 라고 불렀고, 찬송가를 군가라고 불렀다. 그들은 전도를 전투하는 것이라고 했다. 그들의 사령관은 살아 계신 하나님, 예수 그리스도셨다. 그들은 사탄의 견고한 진을 파하는 거룩한 전쟁에 부름 받은 '그리스도의 전사'로 여겼다.

우리는 예수의 군사로 부름 받은 제자이다. 군사의 존재 이유는 전투에서 승리하는 것이다. 따라서 지체들은 다음 세 가지를 명심해야 한다.

첫째, 확고한 대적관을 확립하라!
둘째, 말씀과 기도로 영적 무장을 철저하게 하라!
셋째, 항상 영적 전투 준비태세를 갖추라!

우리 삶의 현장이 곧 전투 현장이다. 우리의 사역 현장이 영적 최전선임을 명심하라!

2015.03.01 개강 채플 메시지에서

이제 출전이다

사랑하는 형제자매 여러분!

저는 지난 2주간 동아리 홍보와 설둔 사역을 한 여러분의 헌신과 충성에 감동했습니다. 특히, 추운 날씨에도 불구하고 이른 아침부터 자신의 캠퍼스뿐만 아니라 다른 캠퍼스 사역을 도운 지체들을 이 자리를 빌려 다시 한번 격려하고 축복합니다.

하나님의 말씀은 흥왕하여 더하더라(행 12:24).

이 말씀은 지난겨울 금식사경회 주제 성구로 올해 사역을 염두에
두고 정한 것입니다. 이제 우리가 캠퍼스를 흥왕케 하는 제자임을 명
심해야 합니다. 그러면 이제 어떤 자세가 필요할까요?

첫째, '진리에 대한 확신'과 '담대함'을 가져야 합니다.

우리의 사역 현장인 캠퍼스는 '영적 전쟁터'입니다. 전쟁터의 가장
큰 특징은 '공포와 두려움'입니다.

지금부터 130년 전, 이곳 조선에서 수많은 선교사가 단두대의 이
슬로 사라질 때 여전히 이곳 조선 땅을 향해 수많은 선교사가 들어왔
습니다. 그분들에게는 두려움이 없었을까요?

사랑하는 형제자매 여러분!

두려움과 부담감을 물리치십시오. 하나님이 우리에게 주시는 것은
'두려움'이 아니라 '능력'과 '담대함'입니다. "하나님이 우리에게 주신
것은 두려워하는 마음이 아니요 오직 능력과 사랑과 절제하는 마음
(딤후 1:7)"입니다.

우리의 두려움을 물리치는 것은 오직 '성령의 능력'입니다. '진리
에 대한 확신'입니다. 진리에 대한 확신을 가지고 '거침없이 담대하
게!' 우리가 정복해야 할 캠퍼스로 진군합시다.

둘째, '영혼 사랑의 눈물'과 '열정'이 있어야 합니다.

예수님은 공생애 기간에 눈물로 사역하셨습니다. 겟세마네동산에
서는 세상의 영혼들을 위하여 피 같은 눈물을 흘리셨습니다. 예수님
이 십자가에서 흘리신 것은 인류 구원을 위한 보혈만이 아닙니다.

캠퍼스 행전

사역에 있어서 '눈물'은 또한 '열정'을 의미합니다. 사랑은 '눈물'이며 '열정'입니다. 전도를 하다가 눈물을 흘리고, 찬양을 부르다가 눈물을 흘리는 뜨거운 가슴을 지닌 주의 청년이 됩시다.

눈물이 메말라가는 이 패역한 시대! 이런 주의 자녀가 있다는 것이 얼마나 감사한지 모릅니다. 누군가 이렇게 말했습니다.

"눈물이 말라버린 사람에게서 무엇을 기대할 수 없다."

우리의 사역은 '영혼을 사랑하는 마음' 없이 '눈물' 없이 할 수 없음을 명심하기 바랍니다.

2012.03.16.

신입생 환영 예배

오늘 신입생 환영 예배를 드렸다. 지난해 금식사경회를 시작으로 지난 월초 칼바람과 싸워 가며 홍보 설문을 했고, 1천여 통의 문자와 전화로 연결된 새내기들이 오늘 환영 예배에 참석했다. 그래서 한 사람, 한 사람이 얼마나 소중한지 모른다. 매년 해 오던 사역인데도 올해는 꿈만 같다. 그만큼 갈수록 사역의 강도를 요구한다는 말이다. 따지고 보면, 예년에 비해 신입생이 더 많이 오지는 않았다. 올해 신입생 환영 예배 참석자는 신입생 25명, 재학생 20명, 사역자 7명 그리고 맏가지를 포함해서 모두 64명이다.

참고로 최근 몇 년간 신입생 환영 예배 참석자는 다음과 같다.

2006년 참석자 49명(가지장〔리더〕 21명 / 가지원〔새내기〕 28명)

2007년 참석자 67명(가지장〔리더〕 21명 / 가지원〔새내기〕 46명)

2008년 참석자 55명(가지장〔리더〕 21명 / 가지원〔새내기〕 34명)

2009년 참석자 57명(가지장〔리더〕 21명 / 가지원〔새내기〕 36명)

2010년 참석자 61명(가지장〔리더〕 21명 / 가지원〔새내기〕 40명)

내가 올해 사역에 긴장할 수밖에 없는 이유는 두 가지다.

하나는 가지장리더의 절대 부족이다. 8개 캠퍼스 중 4개 캠퍼스의 가지장이 단 1명이다. 하지만 하나님의 역사는 놀랍다. 그 한 명의 가지장이 10명의 신입생을 연결했기 때문이다. "여호와의 구원은 사람이 많고 적음에 달려 있지 않다(삼상 14:6)."는 말씀에 대한 응답이다.

또 하나는 리더들의 역동성이 예년에 비해 많이 떨어졌다. 신입생 환영 예배 3일 전까지도 초청장을 전해 주지 않은 캠퍼스가 있었다. 결국 그동안 사역자들이 공들여 온 신입생들이 다른 동아리로 가거나 오지 않았다. 참으로 가슴이 아프다.

그러나 오늘 예배를 마치고 한 지체가 홈페이지에 올린 소감을 보니 감사했다. 그리고 큰 위로가 되었다.

어메이징 그레이스 신입생 환영 채플!

오늘 정말 우리 모두가 놀라운 은혜를 경험한 채플이었습니다. 하나님이 우리와 함께하심을 다시 한번 느낄 수 있었어요. 그들 한 명 한 명이 모임을 정말 편안하게 즐기는 모습을 보면서, 너무 행복했습니다.

캠퍼스 행전

아울러 올해도 어김없이 섬겨 주신 분들께 감사한다. 오늘은 김화 빈 집사님과 송진호 형제가 저녁 식사와 다과를 제공했다. 한 분 한 분을 주의 이름으로 축복한다.

2006.03.25.

벅찬 감동 그리고 아픔

아픔과 기쁨이 교차한 한 주였다.

경기대학교 문대성 형제가 일주일 단에 떠났다. 형제는 대인 관계 에 자신이 없다고 했다. 신입생 환영 예배 때 왔던 수원여자대학교 미 예과 학생들과 동남대학교 두 형제도 통화가 안 된다. 담당 사역자가 무척 마음 아파하고 있다.

그러나 무엇보다 네 명의 형제자매가 예수님을 영접하고 새 식구 가 된 것이 큰 기쁨이다. 아주대학교의 김O식, 김O호 형제와 수원여 자대학교 이O정 자매가 가입했다. 그리고 경기대학교의 두 형제, 송 진호 99학번 와 장O철 형제도 가입했다.

이런 기쁜 소식은 한세대학교에도 있었다. 신학과 4명 가지원 이 스스 로 아침 경건모임을 시작한 것과 어제 선영 자매 수정 자매 가지원 가 스스 로 찾아와 가입한 일이다.

이렇게 가슴 아픈 일과 벅찬 감동이 한 주간 교차했다.

학업과 사역,
절대 놓칠 수 없는 두 마리 토끼

샬롬! 사랑하는 형제자매 여러분!

만물이 소생하는 4월의 아침입니다! 돌이켜보면 지난 3월은 정말 감동이었습니다.

35명의 새로운 가족을 맞이했던 신입생 환영 예배와 스릴과 즐거움이 넘쳤던 제부도 엠티_{MT}는 아마도 영원히 잊지 못할 추억이 되었습니다. 특별히 2011학번을 새롭게 맞이한 기쁨은 지금도 생각하면 가슴이 벅차오릅니다.

새 가족 여러분을 다시 한번 축복하고 환영합니다. 그리고 가지장 여러분 정말 수고했습니다.

이제 4월을 기대합니다. 여러분도 모두 잘 알다시피 4월은 '중간고사'가 있는 달입니다. 다시 한번 강조합니다. 우리는 그리스도인 청년입니다. 그리스도인은 누구보다도 성실해야 하고 모범이 되어야 합니다. 학업과 사역! 이 두 마리 토끼를 절대 놓쳐서는 안 됩니다. 성실한 그리스도인이 됩시다. 좌로나 우로나 치우치지 맙시다. 여러분의 승리를 확신합니다.

눈물을 흘리며 씨를 뿌리는 자는 기쁨으로 거두리로다 울며 씨를 뿌리러 나가는 자는 반드시 기쁨으로 그 곡식 단을 가지고 돌아오리로다(시 126:5-6).

스스로 속이지 말라 하나님은 업신여김을 받지 아니하시나니 사람이 무엇으로 심든지 그대로 거두리라(갈 6:7).

'주먹 밥' 사역

새 학기가 시작된 지난 한 달!

캠퍼스를 순회하면서 지출한 밥값이 만만치 않다. 예년에 비해 지출이 늘어난 것은 무엇보다 '사역의 부흥 회원이 증가함'과 깊은 연관이 있다. 그렇기에 재정적 부담은 오히려 기쁨이다.

사실 나보다 더 부담이 큰 것은 간사들이다. 3개 캠퍼스를 맡은 간사들도 있는데, 지난 한 달간 자신의 후원금 상당 부분을 교통비와 학생들 식비로 지출할 정도였다.

가정 경제 사정이 어려워 점심 식사를 하지 못하는 지체들도 일부 있다. 그래서 생각한 것이 '주먹밥 사역'이다. 지체들의 점식 식사를 해결할 방법으로 '주먹밥'을 택했다.

주먹밥은 기본 재료인 밥이 잘 되어야 한다. 김치를 썰고, 양념 고추장과 고추 참치 그리고 참기름을 넣고 맛있게 비볐다. 그리고 한 입에 들어갈 크기로 만들어 김 가루에 묻혔다.

가장 먼저 한세대학교에 '주먹밥 배달'을 했다. 한 지체가 이런 말을 했다.

"간사님! 장사하셔도 되겠어요."
이제 일주일에 한 번은 '주먹밥 사역'을 실천할 생각이다.

누가 이 충성된 여종을 울게 했는가?

장경순 간사는 간호사로, 근무가 없는 날이면 캠퍼스에 나와 협동 사역을 하고 있는 동역자다. 이런 그에게서 메일이 왔다.

간사님!
한참 메일을 쓰면서 이것을 보낼까 말까 고민하다가 다 지워 버렸습니다. 참 길게 썼는데 …. 결론은 힘들다는 내용입니다.
참으로 어렵다고 생각했습니다. 그것을 알고 시작했는데도 그 부딪히는 벽 앞에 더는 나아가지 못하고 막혀 있는 기분입니다. 그래서 하나님께 아뢰고 또 아뢰지만, 스스로 무너지고 나아갈 바를 몰라 막막해하는 이 기분은 참으로 나를 버겁게 하고 있습니다.
어제에 이어 오늘도 울었는데, 내일도 울 것만 같은 울보 경순이가 되었습니다. 주님께 늘 죄송한 마음입니다.

올해 사역의 출발은 참 좋다. 하지만 한 동역자를 고통스럽게 한 캠퍼스가 있다. 리더들이 채플에도 나오지 않고, 늦잠으로 아침모임

캠퍼스 행전

에도 나오지 않는다. 대표 간사가 전화하고 음성 메시지를 남겨도 아무런 반응이 없고, 리트릿에 가지원은 참석하는데 가지장이 나오지 않는다. 한 마디로 최악의 캠퍼스 상황이다.

하나님이 동아리 등록을 해 주신다고 하는데, 지도 교수는 무엇을 도울 수 있나 요청하는데, 졸업한 선배는 밤을 새고도 피곤한 몸을 이끌고 아침모임을 위해 동아리방으로 향하는데, 리더들은 이토록 무심할 뿐이다. 다른 캠퍼스는 동아리방이 없어서 기도하고 있는데, 어떤 캠퍼스는 단 한 명의 가지원을 얻으려고 눈물 흘려 기도하는데, 하나님이 보내 주신 가지원 하나 관리를 못하는 캠퍼스! 어떤 리더는 실습을 마치고 캠퍼스에 다시 들어가 가지모임을 하는데, 어떤 리더는 피곤하다는 이유로 전화기마저 꺼 버렸다.

누가 이렇게 만들었는가? 누가 주님의 과수원을 헐었는가? 누가 충성스런 이 여종을 울게 했는가? 가슴을 치며 통곡할 일이다.

2008.03.29.

많이 멕여야지 뭐!

몇 년 전 흥행에 성공했던 "동막골"이란 영화가 있다. 나는 그 영화를 두 번 봤다. 한 번은 아내와 또 한 번은 부친과 관람했다.

영화에서 보면 인민군 중대장이 마을 사람들을 탁월하게 지도하는 촌장에게 이렇게 질문한다.

“영감! 그 지도력의 비법이 뭐요?”

그런데 촌장의 대답이 반전이다.

“많이 멕여야지~ 뭐!”

이 말을 들은 인민군 중대장은 잘 이해가 가지 않는다는 표정이다. 하지만 나는 이 영감의 한 마디가 아주 의미심장했다.

매년 이맘때쯤이면 스태프들의 호주머니가 더욱 얇아진다. 학생들에게 밥을 사야 할 일이 많기 때문이다. 나도 지난 한 주간 학생들과 함께한 식대가 10만 원이 넘는다. 매월 이렇지는 않지만, 매년 3-4월이 특히 그렇다. 캠퍼스 사역의 특성상 어쩔 수 없는 일이다. 그렇다고 사역을 '밥'으로만 할 수 있는 것은 아니다.

동역자인 남 간사와 장 간사는 형편이 더 어렵다. 캠퍼스 최전선에서 학생들과 마주하는 경우가 나보다 많기 때문이다. 얼마 안 되는 후원금으로 생계를 꾸리기도 만만치 않지만 우리 사역의 특성상 어쩔 수 없다.

먹이는 것도 사역이다. 그래서 엊그제 간사들에게 특별 사역비를 10만 원씩 지급했다. 마침 회관의 재정 형편이 되었기 때문이다.

학생 리더들 대부분도 마찬가지다. 대부분 부모님께 용돈을 받는 형편임에도 자신의 영적 자녀를 위한 희생은 아낌이 없다. 참으로 귀한 헌신이다. 그렇기에 우리 지체들이 보람을 느꼈으면 좋겠다. 그 보람이 무엇이겠는가? 영적 자녀들이 신앙 안에서 잘 자라서 주님의 제자가 되는 것이다.

캠퍼스 행전

2004.05.01.

행복한 가지장의 삶

다음은 이윤정 자매의 글이다. 읽다가 너무 아름답고 따뜻해서 여기에 옮긴다.

요즘 저는 이래저래 참 행복한 하루하루를 보내고 있습니다. 가지원 시절에는 간사님의 사랑을 듬뿍 받으며 너무너무 행복했는데, 이제는 제게도 귀한 보물들이 생겨서 참 감사하고 흐뭇하고 기쁩니다. 가지원 시절에는 "제가 어떻게 가지장이 되요?" 하며 두려워하고 꺼렸는데, 가지장이 이런 것이었군요! 너무 기뻐서 … 글이 좀 가벼울지 모르지만 … 나누고 싶었습니다.

부족한 저에게 너무도 귀한 보물들을 주셔서 감사합니다. 주님!

하나님께서 내게 주신 성경, 신정, 소정, 재승, 미애 모두 잘 자라 주었으면 좋겠습니다. 내 능력은 부족하지만 성령의 능력으로, 주의 도우심으로, 한 영혼도 빠지지 않고 주의 참 제자가 되기를 기도합니다. 하나님, 도와주세요! 한 영혼도 놓치고 싶지 않습니다. 내 안에 계획하신 그분의 선한 계획이 기대됩니다.

제자 낳는 삶. 너무도 귀합니다! 너무 기쁩니다! 영혼을 사랑하는 마음이 날로날로 커졌으면 좋겠습니다. 귀한 가지원들, 잘 자라 줘! 나도 날로날로 노력할께!

주여, 우리를 써 주시옵소서!

그러므로 이르시기를 잠자는 자여 깨어서 죽은 자들 가운데서 일어나라 그리스도께서 네게 비추이시리라 하셨느니라(엡 5:14).

2005.06.07.

간사님, 어떻게 해요? 포기가 안 돼요!

수원과학대학교 동아리방에 효정 간사가 와 있었다.

3시쯤 되어 회관으로 오는 길에 함께 태우고 나오려고 했더니 이렇게 말했다.

"간사님! 지체들과 함께 좀 있다가 갈게요. 오랜만에 왔더니 아이들이 눈에 밟혀서 일찍 못 나가겠어요."

요즘 과중한 간호사 실습으로 위장도 나빠진 것을 아는데, 캠퍼스 사역에 온 정열을 쏟고 있는 효정 간사를 보면서 한편으로는 흐뭇한 마음이, 다른 한편으로는 안타까운 마음이 들었다.

곧바로 수원여자대학교 동아리방으로 향했다. 경순, 진주 간사가 있었다. 이런저런 수원여자대학교 사역을 나눴다. 그때 진주 간사가 이런 말을 했다.

"간사님! OO 자매가 계속해서 핑계를 대고 성경공부 모임에 나오질 않아요. 내일은 꼭 오라고 했는데, 모르겠어요."

"그 정도 했으면 됐어요. 나는 지체 한 사람보다 사역자들이 소진될까 더 걱정이야. 너무 마음 상하지 말고 편히 돌려보내 줘요. 그 한

캠퍼스 행전

사람도 중요하지만, 이 캠퍼스 모든 학생이 우리가 사랑해야 할 대상입니다."

진주 간사가 눈물을 흘리며 말했다.

"간사님! 어떻게 해요? 포기가 안 돼요!"

갑자기 콧등이 시큰하고 눈시울이 뜨거워 옴을 느꼈다. 그렇다. 이런 심장을 가졌으니 여기 캠퍼스 있는 것이 아니겠는가! 이 눈물! 이 심장! 십자가에 흘리신 그리스도의 피를 묻히지 않고서야 어찌 가질 수 있겠는가!

■ 효정, 진주 자매는 모두 간호사다. 하지만 졸업 후에도 이렇게 캠퍼스에 나와 협동 간사로 영혼들을 품고 있다.

승리의 예수 대행진

2005년 5월 19일 오후 1시 30분!

화창한 태양 아래 펼쳐진 수원과학대학교 교정의 비마 축제 막이 올랐다. 동시에 위풍당당 예수 그리스도의 제자들 행진이 시작되었다. 벌써 여섯 번째 맞는 예수 대행진이다.

올해는 또 다른 감회를 느꼈다. 무엇보다 '하나 된 캠퍼스' 모습이 감동적이었다. 행사에 멤버십 전원이 참석한 것이다. 거의 모든 지체가 무대 위에 올라가 공연했다. 완벽한 공연은 아니었을지라도 분명

‘아름다운’ 공연이었다.

또 한 가지 빼놓을 수 없는 것은 ‘철저한 준비’다. 캠퍼스 대표를 비롯하여 모든 가지장이 하나가 되어 거의 완벽하게 진행되었다는 점도 높이 평가하지 않을 수 없다. 아울러 다른 캠퍼스 지체들의 적극적인 지원은 공연을 더욱 풍성하고 아름답게 했다.

특히, 효정 간사 _{현직 간호사} 가 고맙다. 그저께는 비번인데도 하루를 온전히 금식하며 지체들을 섬겼다. 어제는 스리나잇에 들어가는데도 저녁까지 남아 행사에 동참하는 모습이 매우 감동이다.

승리의 예수 대행진! 이런 여러 이유가 있었기에 가능했다.

2010.06.29.

총원 79명, 등록 50명, 참석 45명

현재 대전에 소재한 한남대학교에서 ‘2010 DFC 전국대학생 여름 수련회’가 열리고 있다. DFC 수련회로는 17회째이며, 수원지구로는 15회째다.

총원 79명, 등록 50명, 참석 45명!

이것은 현재 수원지구 참석자 현황이다. 지난해에는 총원 68명, 등록 55명, 참석 50명이었다. 양육 인원은 지난해에 비해 10명 이상 늘었는데, 참석률은 결과적으로 10% 이상 감소했다.

15년 전, 단 두 명으로 개척한 수원지구! 그동안 꾸준히 성장해서

캠퍼스 행전

3년 전부터 50명대에 진입했다. 하지단 지난해에 이어 소폭의 하향 곡선을 그리고 있다. 한마디로 추세가 꺾기고 있는 것이다.

올해 지구 사역은 아주 풍성했다. 한 캠퍼스의 경우 10학번이 15명 정도 가입했고, 지난 학기 12명이 꾸준히 양육 받았다. 하지만 이번 여름수련회에 단 1명만 참석했다. 이것으로 담당 사역자가 큰 시험에 들 뻔했다.

수련회에 참석하지 않은 이유는 참 다양하다. 대부분 '잠적형'이다. 수련회에 가기 싫어 연락을 끊는 것이다. 이 경우 사역자의 사역 의지를 완전히 꺾어 버린다.

하지만 더욱 가슴 아픈 것은 '리더의 잠적'이다. 극소수이지만 매년 이맘때 꼭 그런 사람이 있다. 그 가운데에는 입만 열면 선교를 이야기하던 한 자매도 포함되어 있다. 그나마 위로가 되는 것은 수련회에 꼭 함께하고 싶지만 학교 실습으로 인해 그렇지 못한 지체들, 부모님의 강력한 반대에 부딪쳐서 오지 못한 지체들과 갑자기 건강이 좋지 않아 오지 못한 지체들이 있다는 사실이다. 한마디로 이들은 이번에는 함께하지 못했지만, 다음에는 꼭 참석하겠다는 지체들이다.

지난해 학원복음화협의회_{이하 학복협} 자료에 따르면, 학복협에 소속된 11개 캠퍼스 선교단체 중 대부분이 10년 전에 비해 50% 이상 감소했다고 한다. 어떻게 보면 절망적인 상황이다. 단적으로 말해서, 복음의 문이 점점 닫히고 있는 것이다. 과연 캠퍼스 선교단체가 언제까지 존재할 수 있을까? 지난 몇 년, 갑자기 자꾸 불길한 예감이 든다.

소진과 고갈

한 캠퍼스 대표가 채플 시간에 보이지 않았다. 담당 사역자에게 무슨 일이 있나 물으니 '복통과 설사'로 참석하지 못했다고 한다. 의사에 따르면, 스트레스성 장염이라고 한다. 격려 전화를 하려고 했는데, 전화기가 꺼져 있었다.

총가지장도 많이 힘들어 하고 있다. 캠퍼스 사역에 학교 과제도 많은데, 교회에서는 '전임 사역자'처럼 혹사(?)하는 모양이다. 중고등부 사역을 돕고 있었는데, 요즘은 청년부 사역까지 도맡게 된 상황이라고 한다. 평소 그러지 않던 형제인데 엊그제는 센터에서 누워 있는 모습을 보았다. 형제도 많이 '소진'된 것 같다.

뿐만이 아니다. 요즘은 사역자들도 돌아가면서 '환자'다. 어제 새벽에는 은혜 선교사가 몸이 좋지 않아 오전만 쉬면 안 되겠느냐는 문자를 보냈다. 결국 오늘도 몸살은 계속되고 있는 모양이다. 지지난 주에는 숙영 선교사가, 지난 주간에는 경순 선교사가 심한 몸살감기로 고생을 했다. 참으로 안쓰럽다.

오월은 만물이 푸름을 더해 가는 계절이다. 하지만 우리 지체들에게는 이 오월이 '소진'의 계절인 것 같아 안타깝다.

국어사전을 보면 '고갈枯渴'은 '물이 말라서 없어짐'이고, '소진消盡'은 '점점 줄어들어 다 없어짐 또는 다 써서 없앰'으로 나와 있다. 한마디로 '고갈'은 말라 버린 것이고, '소진'은 다 써 버린 것이다.

영적으로 충만하지 않을 때 '고갈'이 오고, 육적으로 에너지를 다
써 버렸을 때 '소진'이 온다. 성령 충만을 위한 영적 관리도 중요하지
만, 건강과 체력 관리도 대단히 중요한 것이다.

고통을 받으니 내 가슴이 아프고 무겁다.

2012.05.04.

이제는 정말 내려놓고 싶어요

그저께 장경순 선교사가 무척 힘든 모습으로 센터에 들어왔다. 그
리고 이렇게 말했다.

"선교사님! 저 이제는 정말 쉬게 해 주세요! 도저히 못하겠어요!"

장 선교사가 사역을 놓고 싶다는 말을 지금까지 한두 번 한 것이
아니다. 적어도 열 번은 더 된다. 하지만 매번 빈말로 내뱉은 것이 아
니다. 오히려 그때마다 내가 만류하거나 설득해서 여기까지 왔는데,
지금은 그 한계 상황에 도달한 것 같다.

우선 과중한 사역 때문이다. 장 선교사는 경기대학교, 한신대학교,
수원여자대학교와 명지대학교 이렇게 4개 캠퍼스를 맡고 있다. 다른
두 사역자도 있지만, 한 사람은 이번 달에 결혼하고 지방으로 내려갈
예정이고, 다른 사람은 임신한 상태다.

그리고 장 선교사의 '성격' 때문이다. 장 선교사는 정말 열정적으
로 뜨겁게 사역하고 그 열매도 풍성하다. 하지만 요즘 2012학번 신입

회원가지원들이 장 선교사를 깊은 침체에 빠지게 하고 있다.

"도대체 말이 안 통해요. 정말 답답해요!"

요즘 장선교사가 늘 해 오던 말이다.

마지막으로 육체적 '소진'이다. 장 선교사는 98학번이다. 간호사로 3년을 하긴 했지만 학생 때부터 지금까지 약 12년간 사역하고 있다. 양육하면 졸업하고, 양육하면 졸업하고 … 반복되는 사역에 소진된 것이다.

이제 나는 어떤 선택을 해야 할까? 깊은 고민에 빠졌다.

봉변

어제는 수원여자대학교 팀 미팅이 있는 날이었는데 학생회관에서 '봉변' 아닌 봉변을 당했다. 지체들을 격려하려고 캠퍼스를 방문했는데 동아리방 문이 잠겨 있었다.

"지금 캠퍼스로 가는 중! 가면 동아리방에는 누가 있을까요?"

수원여자대학교 단톡방에 글을 올렸더니, 한나 자매가 답했다.

"지금 저랑 보담이랑 현아랑 영문과 팀 미팅을 하려고요."

"팀 미팅 마치면 문자 좀 줘요. 지금 학생회관 앞 벤치에 있어요."

그리고 얼마의 시간이 흘렀다. 혹시나 이제 지체들이 왔겠지 하고, 동아리방으로 다시 올라갔다. 그런데 문이 아직 잠겨 있었다.

바로 그때 청소하는 분이 나를 보고 물었다.

"누구세요? 누구신데 여기를 계속 왔다 갔다 하세요? 여기는 여학생들만 있는 학교인데요."

순간 당황했다. 벌써 21년째 수없이 오갔던 동아리방인데 갑자기 공격을 받은 느낌이었다.

"아, 예! 저는 여기 동아리 지도 목사입니다."

"저는 처음 보는 분인데요."

"그러게요. 저도 아주머니를 처음 뵙겠네요. 하지만 저는 우리 동아리 학생들을 만나러 자주 옵니다."

참 난감한 대화가 오고갈 무렵 지체들이 팀 미팅을 하고 올라왔다.

"어, 목사님! 여기 계시네요."

순간 아주머니는 당황스러운 듯 어디론가 가 버리셨다. (그 순간에 지체들이 와 주지 않았다면, 나는 그분께 꼼짝 없이 봉변을 당할 뻔했다.) 뜻하지 않은 돌발 상황에 당황했지만, 돌이켜보면 그분은 자신의 본분을 다한 것이다. 그분은 마땅한 일을 했을 뿐인데, 나는 왜 찜찜한지 모르겠다.

OO대학교 사역을 포기하다

지난 목요일 OO대학교, 찬미 자매 졸업식에 참석했다. 꽃다발을 주고 그 동안의 노고를 격려하고 축하했다. 그리고 찬미 자매에게서 열쇠를 받아 혼자 동아리방으로 갔다.

문을 여는 순간 냉기가 흘러나왔다. 가슴이 아파 눈물이 나올 지경이다. 이렇게 캠퍼스 문을 닫는단 말인가! 이제 이 캠퍼스를 지킬 동역자가 없다. 마지막 남은 찬미 자매가 졸업했기 때문이다. 군에 가 있는 형제가 한 명 있기는 하지만, 제대 후에 복귀할지 의문이다.

OO대학교는 그동안 놀랍게 부흥했었다. 한때 멤버가 30명이 넘은 적도 있었다. 거의 20명 정도가 수련회에 참석하기도 했다. 축제 때는 예수 대행진을 비롯한 행사에 열정적으로 참여했다. 비가 오는 날 종합운동장에서 캠퍼스를 위하여 기도했던 일도 생각난다. 그런데 지금은 그 영광이 모두 추억이 되어 버렸다.

OO대학교 사역을 닫아야 하는 결정적인 이유가 있다. 바로 학교 측의 교묘한 방해다.

정말 화가 날 정도로 속상한 일이 있었다. 우리는 두 가지 기본 패턴으로 캠퍼스 사역을 한다. 개인 전도를 통한 멤버십 확보와 학기 초 신입생 설문을 통해서 회원을 모집한다. 그리고 설문은 주로 신입생 입학식 날 진행한다. 그런데 금년 초 OO대학교에서는 이 설문을 못하게 했고, 심지어 지난해에는 그 설문지를 모두 압수했다.

학교 측의 비협조는 이것뿐이 아니다. 한 학생이 동아리에 가입하려면 지도 교수의 도장을 받아야 하고, 20명 이상의 동아리 멤버십이 없으면 동아리 인가가 아예 되지 않는다. 그리고 동아리 등록을 매 학기마다 해야 한다. 하지만 누가 지도 교수 도장을 받아서 기독 동아리

캠퍼스 행전

에 가입하겠는가?

그러나 캠퍼스 동아리에 학생이 없다는 이유만으로 사역을 접지는 않는다.

2015.04.08.

세 낭자의 귀한 헌신

우리 수원지구는 전임 사역자가 두 명뿐이다. 이 두 명의 사역자가 6개 캠퍼스를 감당하기는 쉽지 않다. 이런 어려운 형편을 아시는 주님이 올해 돕는 손길을 허락하셨다.

박찬송 자매는 학교를 졸업한 지 2년이 되었는데, 간호사 일을 그만두고 지난겨울 방학부터 매주 3일 정도 사역을 돕고 있다. 집은 서울 서대문으로 제법 먼 거리다. 나머지 2일은 필요한 공부와 용돈 마련을 위해 아르바이트를 한다. (하지만 시간이 있다고 해서 다 이렇게 헌신하는 것은 아니다.) 놀랍게도 찬송 자매는 열매도 풍성하다. 요즘 그 가지원으로 많이 행복해 한다.

이산설 자매 역시 수원여자대학교 간호과를 올해 졸업했다. 현재 병원에 취직되어 발령 대기 상태다. 그 발령 대기 중에 거의 매일 캠퍼스에 나간다. 자매는 지난겨울 금식사경회 후 간증문을 통해 이렇게 고백했었다.

나의 2015년도 비전이 생겼다. 첫째, 영적 계보를 이을 나의 자녀인 가지원을 만드는 것이다. 둘째, 단기이지만 지구 선교사로 내 다음을 이을 선교사를 만드는 것이다.

다행히 산설 자매는 하나님이 보내 주신 귀한 가지원으로 인해 몹시 기뻐하고 있다.

마지막으로 2년 전에 명지대학교를 졸업하고 후배들을 섬기는 서예지 자매는 현재 직장 생활을 하고 있다. 학창 시절, 캠퍼스의 영적 계보를 잇기 위해 무던히 애를 썼지만, 안타깝게도 후배들이 연결되지 않았다. 그런데 올해 새내기 두 명이 들어왔다. 그 소식을 들은 예지 자매는 새내기 중 자매를 양육하겠다고 한다. 평일에는 늦은 퇴근으로 시간이 거의 없다. 그래서 주말에 가지원을 만나 양육한다. 이것은 누가 시킨다고 할 수 있는 일이 아니다. 캠퍼스 때나 졸업한 지금이나 한결같은 귀한 제자다.

2016.01.24.

탈퇴 통보

금식사경회를 마친 지 꼭 한 달이 지났다. 어제 한 자매에게서 한 통의 편지를 받았다.

목사님!

저 OO이예요. 잘 지내고 계시죠?

저는 요즘 계속 DFC와 목사님께 대한 죄송한 마음에 머릿속이 핑핑 도는 느낌입니다. 목사님의 전화도 받지 않고, 목사님께서 먼저 사과하시는 상황을 만들어서 그 부분이 가장 죄송합니다. 이렇게 편지로나마 죄송하다는 말씀을 드립니다. 목사님께서 너그러이 저를 이해해 주셨으면 좋겠습니다.

목사님!

얼마 전 "히말라야"라는 영화를 관람했습니다. 목숨을 걸고 산을 오르는 '엄홍길 대장'의 모습을 보면서 저는 목사님의 모습을 보는 것 같았습니다. 그 영화를 관람하고 난 후, 목사님이 왜 그토록 화를 내셨는지, 제게 그토록 금식사경회를 참석하라고 하셨는지 알 것 같았습니다. 동시에 저는 '히말라야'를 등정하기 두려워하는 사람이라는 것을 깨달았습니다.

목사님!

저는 '히말라야'가 아니라 '뒷동산'을 오르고 싶어 하는 사람입니다. 저는 아직 '하나님'을 믿게 된다는 것이 하나의 기적이고 벅찬 사람 같습니다. 저에게 '히말라야'라는 더 높은 곳을 추천해 주시고 인도하는 목사님이 너무 감사하지만, 저는 아직 거기까지 갈 그릇이 부족한 사람 같습니다. 이렇게 DFC를 나가게 되어, 목사님과 선교사님의 은혜를 이런 식으로 결말짓게 되어 정말 죄송합니다. 그동안 너무 감사했고 또 감사했습니다.

이것은 이별 통보였다. 하지만 이것은 어쩌면 예견된 일이었다. 이 자매는 2학년 때 우리 DFC 공동체에 들어왔다. 처음 만났을 때는 신앙이 거의 없었지만, 그동안 많이 성장했다고 믿었다. 그래서 내가 참 예뻐했던 자매다. 하지만 오늘은 가슴이 많이 아프다. 마치 연인을 떠나보내는 것처럼 말이다.

2018.3.18.

밀당 1년 그리고 포기

■ 하나, 밀당 1년 그리고 포기

어제오늘 한 형제가 있는 캠퍼스에서 동아리 엑스포를 했다. 동아리연합회가 주관하는 동아리 소개 시간으로, 각 동아리에 부스를 설치해 주고 마음껏 홍보하도록 한 것이다. 우리에게는 정말 좋은 기회다. 그래서 동아리 홍보 겸 설문 조사를 하면서 감자튀김을 주는 이벤트를 했다.

나도 어제오늘 지체들과 함께 현장을 누볐다. 그 캠퍼스 지체들이 부족해서 다른 캠퍼스 지체들이 지원을 왔다. 하지만 정작 해당 캠퍼스 한 지체(?)는 그냥 방관자로 있었다.

마침 캠퍼스를 지나다가 그 형제를 만났다.

"○○야! 어제오늘 동아리 행사하는 거 알아?"

그는 머뭇머뭇했다. 나는 그 모습이 속상에서 한마디했다.

캠퍼스 행전

"○○! 다른 캠퍼스 지체들도 와서 우리를 도와주는데 이렇게 무관심해서 되겠어?"

그 지체는 얼마 후 마지못해 동아리 홍보 부스에 나왔다. 하지만 어정쩡하게 서 있다가 잠시 후에 사라졌다. 그리고 잠시 후 내게 전화가 왔다.

"목사님! 아무래도 저는 동아리 못할 것 같아요."

이 형제와는 지난 1년 동안 밀당했다. 동아리 멤버를 만들기 위해서가 아니라 한 영혼을 살려 보겠다고 나는 별짓을 다했다. 기숙사에 있는 형제라, 몸이 아프다고 하면 약을 지어 보내기도 했다. 그렇게 사랑하다 보면 언젠가 돌아오는 영혼들이 있기 때문이다. 하지만 이 형제는 지난 1년간 내 사역의 진액을 다 빼갔다.

오전부터 너무 기운이 빠져서 오후에는 아무것도 할 수가 없었다.

■ 둘, 예진 자매가 보내 온 희소식

방금 한 캠퍼스 대표 예진 자매에게서 문자가 왔다.

목사님!
너무 밤늦게 톡 보내서 죄송해요.;;; 방금 18학번 성빈 친구한테서 DFC에 들어오고 싶다는 연락이 왔어요. ㅎㅎ 목요일에 만나기로 했는데, 얘기 잘할 수 있도록 기도 부탁드려요.

늦게 문자해서 미안하다고 했는데, 이런 문자는 한밤중에 받아도 전혀 미안하지 않다. 아니, 오히려 감동이다. 이제 2학년인 예진 자매의 활약(?)에 박수를 보낸다. 낮에 있었던 우울한 일을 한 방에 날려 보내는 희소식이다.

캠퍼스 행전

제5부

국토순례전도

우리 땅 밟기/살리기

그 후에 주께서 따로 칠십 인을 세우사 친히 가시려는 각 동네와 각 지역으로 둘씩 앞서 보내시며 이르시되 추수할 것은 많되 일꾼이 적으니 그러므로 추수하는 주인에게 청하여 추수할 일꾼들을 보내 주소서 하라(눅 10:1-2).

전도 순례자들을 생각하며

하루 종일 전도 순례 중인 지체들을 생각한다. 푹푹 찌는 날씨 속에서 두 배나 뜨거운 강원도 횡성 땅 아스팔트 위를 걷는, 내 심장 같은 나의 사랑하는 지체들을 생각한다. 지체들은 이 시간에도 아스팔트 위를 끝없이 걷고 있다.

나는 잘 안다. 사랑하는 나의 지체들이 얼마나 주님을 사랑하는지를 ….

오늘이 벌써 우리 지체들이 집과 가족을 떠난 지 8일째다. 이 일을 누가 시켜서 한다는 말인가? 그리스도의 심장이 아니면 누구도 할 수 없는 일이다.

나는 오늘 아침에 지체들의 헤어진 신발을 보았다. 그들의 체력이 얼마나 약한지 잘 안다. 하나님이 강권하시고 예비하지 않으시면, 그들은 점심과 저녁 또 내일 아침도 굶어야 할지 모른다. 나는 왜 지체들에게 "절대로 아무것도 사 먹지 말라."고 명했던가! 물론 그것이 성경적이었기 때문이다. 그런데도 가슴이 아프다.

복음과 후배들을 위해서 자신의 포상 휴가를 기꺼이 바치고 있는 형권 형제! 주님과 캠퍼스를 위해 졸업을 미룬 안다 간사! 수원지구 최초 자매 총가지장을 훌륭하게 수행하고 있는 경순 자매! 언제나 묵묵히 그리고 성실한 모습을 잃지 않았던 경하 형제! 수련회 때마다 한 번도 빠지지 않고 나를 감동시키는 보람 자매! 나이 삼십에 "마징가Z" 주제가를 부를 정도로 순수하고 깨끗한 재성 형제! 처음보다 나중이 매력적인 상용 형제! 묵묵한 듯하면서도 필요할 때 할 말 다하는 지호 형제! 사랑에 감동할 줄 알고, 그리스도로 인해 눈물 흘릴 줄 아는 청년 진영 형제! 주님을 사랑하여 주일에 가게도 안 가는 경건하고 터프한 청년 상병 형제! 여리지만 찬양에 목말라하는, 영성에 강한 혜영 자매! 과연 이 사랑하는 지체들을 광야 오지에 두고 오늘 밤, 내 어찌 편히 잠을 잘 수 있을까?

사랑하는 지체들이 보고 싶다. 그들을 모두 가슴에 품어 주고 싶다. 사랑하는 나의 형제여, 나의 자매여! 승리하고 돌아오라.

2007.07.01.

'세콤' 사건

■ 저희 비호팀, 공주군 사곡면 부곡에 도착했어요. 회관을 허락받지 못해서 정자에서 하룻밤 묵기로 했습니다. 22시 26분!

비호 팀장 김선동

■ 저희 거산초등학교에 왔는데, 세콤(SECOM) 때문에 학교에는 들어가지 못하고 화장실 앞에 모여 앉아 있어요. 나름대로 깨끗하긴 한데 돌바닥이라 잘 수는 없을 것 같아요. 7월 1일 00시 4분!

독수리 팀장 리혜진

새벽 1시 20분에 독수리 팀장인 딸에게서 전화가 왔다. 오후 내내 식사도 못하고, 5시간을 계속 걸었다고 한다. 그동안 교회가 몇 군데 있었는데, 그 어디도 잠을 재워 주지 않았다고 했다.

날은 저물고 부슬비가 내리는 심야! 비도 오고 너무 추웠던 차에 마침 초등학교를 발견해서 교실에 살짝 들어갔다고 했다. 그런데 경보가 울려서 경찰 2명과 세콤 직원 2명 그리고 선생님 한 분이 급히 달려왔고, 경찰은 팀장인 딸의 신원 조회를 위해 주민등록번호를 적어 갔다고 한다. 하지만 다행히 교실 두 칸을 빌려줘서 잠을 자게 되었다는 것이다. (나중에 확인해 보니 충청남도 아산군 송악면 거산초등학교였다.)

이 전화를 받고, 지난밤 제대로 잠을 이루지 못했다. 한 팀은 마을 정자에서, 다른 한 팀은 학교 교실 바닥에서 잠을 자고 있는데, 내가 어찌 마음 편히 잠을 잘 수 있겠는가! 특히, 마을 정자는 노천이나 다를 바 없지 않은가! 지체들에게 마땅히 어떤 난관도 훈련으로 여기고 능히 감당하라고 했지만, 실제로 이런 상황을 보고 받으니 가슴이 많이 아프다.

30년 전 대학생 때, 나도 이런 경험을 했다. 냉철하게 보면 20대인 청년 때에 이 정도는 아무것도 아니다. 하지만 자식들이나 다름 없는 지체들에게 그렇게 냉정하기가 쉽지 않다.

오직 주의 사랑에 매여 복음과 민족을 품고 벌써 3일째 국토 순례 중인 나의 사랑하는 지체들! 이 패역한 시대! 주의 이슬 같은 청년들의 행군을 보며 얼마나 가슴 벅찬지 모른다.

캠퍼스 행전

전도 순례 간증

사자팀 부팀장 장유진입니다.

저는 처음 우리 팀 사태(?)의 심각성을 몰랐습니다. 부팀장이지만 사실 그냥 가기만 하면 되는 것인 줄 알았는데 …. 다른 팀보다 자매도 제일 많고. 정식 가지장이라고는 햇가지장인 나와 시윤이 밖에 없었거든요. ㅠㅠ 그래서 막 다른 팀에게 투정 부리고 징징대고 그랬는데 …. 그분들의 중보 덕이었는지, 우리는 정말 차고 넘치도록 풍성한 우리 땅 밟기를 할 수 있었답니다!

저는 하나님이 제 기도는 안 들어주신다고 생각했었거든요. 그런데 성은이가 영접하고. 제가 우리 땅 밟기 기간에 기도했던 것을 다 들어주시는 것을 보고, '아! 하나님은 다 보고 듣고, 다 친히 응답해 주시는구나!' 하는 것을 깨달았답니다. 정말이지, 성은이가 영접하고 울면서 제 품에 안겨 기도할 때, 예수님을 믿는 것이 이렇게 신나는 일인지 몰랐어요. 참, 신났어요! 너무 예쁜 우리 성은이, 땅 밟기 기간에는 전도도 한 거 있죠? (저 지금 자식 자랑 중 ㅋㅋ.) 우리 혜민이는 또 어떻고요. 전도하는 사람마다 족족 영접을 하지 뭡니까? (저 푼수 맞지요? ㅋㅋ).

그리고 수련회 기간에도 지체들 간의 '다틈'에 대해 고민도 많이 했습니다. 주님이 이번 수련회 선택특강과 땅 밟기를 통해 저를 많이 다듬으시는 것 같았어요. 마치 하나님이 퍼즐을 맞추는 듯한 느낌이랄까? 내가 한 조각, 시윤이가 한 조각, 혜민이가 한 조각, 광진이가 한 조각,

미경이가 한 조각, 성은이가 한 조각, 그렇게 한 조각 한 조각 너무 다른 우리들을 사자조로 묶으셔서 하나의 아름다운 퍼즐을 맞추는 것을 느낄 수 있었습니다. 개인적으로 땅 밟기를 통해 하나님과 데이트를 많이 할 수 있어서 너무 감사했고 좋았답니다. ♡

■ 지난해 DFC를 통해 처음 예수님을 영접한, 아주대학교 2학년인 장유진 자매는 이번 사자팀 부팀장으로 섬겼다.

2008.07.05.

전도 순례기

오후 5시, 맨 먼저 광주시 한터초등학교 교정에서 휴식 중이던 사자팀을 만났다. 사자팀 지체들은 큰 산을 넘어와 많이 지쳐 있었다. 발이 부르터 물집이 생긴 지체들도 있었다. 우리가 차에서 내리는 순간 지쳐 있던 지체들이 얼마나 기뻐했는지 모른다. 가져간 시원한 수박을 나누며 격려했다.

다음은 오후 6시 반, 용인 양지 근처에 있는 교회에서 독수리팀을 만났다. 다행히 맨 먼저 숙소를 잡은 팀이다. 하지만 하루 종일 아무 것도 먹지 못해서인지 무척 지쳐 있었다. 역시 한 통의 수박이 큰 효과를 발휘했다. 지체들을 격려하고 천리마팀이 있는 곳으로 향했다.

오후 8시 반경, 전형적인 농촌 시골길인 남사면 321국도변에서 천리마팀을 만났다. 이들 역시 온종일 '밥' 구경도 하지 못했다고 했다.

몸은 매우 지쳐 보였지만 얼굴은 무척 밝았다. 아스팔트 위에서 수박을 잘라 나누었다. 천리마 팀장은 팀 구호를 외치며 우리를 환송했다.

마지막으로 비호팀 순방을 위해 출발했다. 경기도 광주에 도착했을 때, 비호팀은 한 교회 사택에서 풍성한 대접 _{삼겹살 파티} 을 받고 있었다. 그래서 수박만 전해 주고 귀가 길에 올랐다.

올라오는 길에 생각했다. 눈물이 날 정도로 귀하고 자랑스러운 지체들이다. 요즘 같은 시대에 어디서 이런 지체들을 찾아볼 수 있을까? 이들이야 말로 진정한 주님의 제자들이다.

이렇게 남우원, 장경순 간사와 함께 전도 순례팀을 방문하고 돌아온 시각은 밤 11시 20분이었다!

내일 정오에 우리는 승리하고 개선장군처럼 돌아올 저들을 센테에서 볼 것이다. 그리고 지난 2박 3일간의 감동의 순간들을 기쁘게 나눌 것이다. 그 자랑스러운 용사들의 이름을 여기 기록한다!

■ 비호팀: 조현준(팀장), 김충만(부팀장), 이어진(말씀)

　　　김선구, 이하연, 김태현, 박미연, 김미림, 이슬기, 김은비,

　　　윤경식, 심명현

■ 천리마팀: 진성용(팀장), 김승수(부팀장), 김미경(말씀)

　　　조혜민, 윤미경, 김효정, 유성희, 박지후, 강현민, 정영훈

■ 사자팀: 조락희(팀장), 김선동(부팀장), 신수정(말씀)

　　　이충재, 신대식, 이유라, 허예진, 소민주, 김종천, 정은주,

　　　강선구

■ 독수리팀: 신요한(팀장), 노건호(부팀장), 리혜진(말씀)

　이준, 김예슬, 박현아, 조성숙, 이슬아, 김용민

거룩한 고생

오늘 오전 11시, 전도 순례팀 출정식 후에 4개 팀이 각 지역으로 출발하는 것을 확인하고 스태프들은 수원으로 출발했다. 이번 국토 순례 전도는 원주–제천–충주–이천 지역을 관통하는 5번 국도와 38번 국도, 402번 지방도 인근 마을들이다.

출발 10분 만에 천둥 번개를 동반한 폭우가 쏟아졌다. 고생할 지체들을 생각하며 한편으로는 무척 마음이 아팠지만, 젊은 날 또 다른 훈련이기에 마음을 굳게 했다.

나는 수원에 도착해서 동역자들을 내려 주고, 든든한 동역자이자 딸인 혜진이를 태우고 전도 순례팀과 합류하기 위해 다시 제천 지역으로 차를 몰았다.

저녁 어둠이 서서히 깔리기 시작하자 각 팀에서 보고가 들어왔다.

■ 비호팀: 7시 10분, 신림 가나안교회를 숙소로 하고 마을 전도 중입니다.

■ 천리마팀: 7시 52분, 봉양 반석교회 숙소 정했습니다.

캠퍼스 행전

■ 독수리팀: 8시 7분, 백암 인근 동산교회 숙소 정했습니다.

■ 사자팀: 아직 숙소 정하지 못하고, 찾고 있습니다.

하지만 밤 9시가 가까워 오는 데도 사자팀이 숙소를 정했다는 보고가 없다. 과거의 악몽(?)이 떠올랐다. 몇 년 전 폭우가 쏟아지던 여름, 속초에서 강릉으로 간 순례팀이 숙소를 정하지 못했던 기억이, 남서울대학교에서 안중으로 이동 중 폭우가 쏟아지는데 숙소를 구하지 못했던 팀이 생각났다.

얼마가 지났을까? 어둠 속에서 사자팀을 발견했다. 하지만 잠시 지켜보기로 했다. 숙소를 정하지 못해 백운 지역을 떠돌던 지체들을 바라보노라니 가슴이 아팠다. 내가 수원에 있었다면 모르지만 현장에서 이 장면을 보니 너무 마음이 아팠다.

인정에 끌려 할 수 없이 민박집을 찾아 숙박비를 물으니, 방 두 칸에 4만 원을 달라고 했다. 민박집을 나오면서 딸이 말했다.

"아빠! 아무래도 이건 아닌 것 같아요!"

순간 내가 부끄러웠다.

나는 숙소를 알아보려고 기동력을 활용해서 인근 교회 몇 군데를 찾았다. 먼저 가까운 교회를 들어갔다. 교회에 들어서는데 그곳에 마침 우리 독수리팀이 식사를 하고 있었다. 돼지불고기와 상추쌈! (나도 그때까지 저녁 식사를 하지 않아 배가 고팠다.) 목사님을 만나 양해를 구하고 사자팀을 합류시키기로 했다.

교회를 나와 다시 사자팀에게 이 소식을 전하려고 찾아 나섰다. 그리고 약 10분이 지나고 사자팀에서 보고가 들어왔다.

"간사님! 숙소 정했습니다. 백암교회에서 재워 준답니다."

할렐루야! 그 시각이 오후 9시 25분이었다.

오후 9시 32분에 제천시 백운면을 출발하여 다시 수원으로 향했다. 허기도 지고 편두통이 시작되어 좀 과속을 했다. 오후 11시 2분애 집에 돌아왔다.

나도 딸도, 땅 밟기 지체들도 모두 '사서 고생(?!)'을 하고 있는 것이다. 하지만 이것은 '거룩한 고생'이다.

2011.07.02.

독수리팀 전도 보고서

■ 일정: 2011. 6. 30.~7. 2. (2박 3일)

■ 장소: 충청북도 청주 오송 조치원 일원

■ 팀장: 김승수(아주대 4)

■ 부팀장: 최여울(한신대 4)

■ 말씀 인도: 윤현수(수원여대)

■ 팀원: 김종천(수원과학대), 윤경식(아주대), 한민식(경희대), 김유미(수원여대), 김요한(한신대), 정현수(수원과학대), 김수민(수원여대)

■ 일정별 사역 내용

캠퍼스 행전

○ 2011. 6. 30. 목요일

08:29 무주리조트에서 땅 밟기 발대식 후 출발

10:05 대전 동부터미널 도착(대전 → 청주 1인당 3,600원)

13:20 석소 마을에서 3팀으로 나누어 전도 시작

14:17 청주시를 지나 청원군 강내면 진입

14:23 월곡 버스정류장 1명 접촉

14:50 강내교회 도착/휴식(충북 청원군 탑연리)

16:41 2팀으로 나누어 석화리 마을 전도 시작

18:00 식사 및 세면, 교제

20:20 기도회, 찬양 나눔, 전도 피드백 시작(23:00 취침)

○ 2011. 7. 1. 금요일

04:40 기상-새벽기도회 참석

08:05 교회 유치부실에서 아침 QT 시작(행 16장)

10:30 강내교회 앞에서 기도하고 출발(강내면 → 강외면)

10:50 강외면 진입 - 고가도로 밑에서 잠시 쉼(5분)

11:29 시온중앙교회 도착 - 3팀으로 나누어 전도

13:25 오송역으로 출발 - 오송역에서 선교사님들 만남

14:25 구호 외치고 출발

15:25 강외초등학교 전도

16:00 오송교회 가서 잠시 쉼 - 오송 2길 전도 시작

17:50 준비, 세면, 샤워, 짐 정리

20:00 오송교회 철야기도회 참석(23:40 취침)

○ 2011. 7. 2. 토요일

04:50 기상 - 새벽기도회 참석(오송교회)

06:25 세면 세족, 청소, 아침 식사, 짐 정리

07:38 조치원역으로 출발

09:21 조치원 → 수원 출발(10:21 수원 도착)

11:00 수원역 합심하여 기도하고, 찬양 부르며 회관까지 행진

■ 평가와 나눔

○ 가지장으로서 모범을 보였어야 하는데 잘하지 못해 가지원들에게 미안했다.

○ 할아버지께서 영접하셔서 기분이 좋았다. 거짓 진리에 빠진 이단을 만나서 맘이 아팠다.

○ 마을마다 기독교보다 먼저 적극적으로 침입한 이단을 보면서 마음이 아팠고, 참된 진리를 믿는 우리들이 자신감을 가져야 한다고 생각했다.

○ 모두 매우 수고했고, 결과에 너무 연연하지 않았으면 좋겠다.

○ 주눅 들지 않고, 당당히 나아가야겠다. 어제 전도한 것이 축적되어 힘들었다. 그리고 마을에 개도 많았다.

○ 승수 가지장의 부드러운 리더십을 배워야겠다. 어제보다 전도하기 더 어려웠다. 문전박대가 전도의 큰 어려움이었다.

○ 가지장님이 하는 것을 보니 '이렇게 하는 거구나.'라고 느꼈다. 마음이 닫힌 분들에게는 전도가 어렵다.

○ 석소마을 마을회관으로 가기 전에 눈을 감고 기도했다. 33살 청

캠퍼스 행전

년은 음료를 주었고, 진배 가지장의 거침없는 전도에 도전을 받음. 무릎이 안 좋은 할머니를 만나 5명이 기도했다.

○ 전도할 때 효율적인 방법으로 권면해 주지 못해 아쉬웠다. 듣는 이가 거절하면 말문이 딱 막혀서 "교회 나가실 생각 없으세요?" 정도가 다였다. 조금 더 간절히 다가가야겠다.

■ 중보기도

1. 마음의 문이 닫힌 영혼을 많이 만났는데, 언젠가는 복음 앞에 마음이 열리도록.

2. 지상명령을 기억하는 제자로서 불러 주신 하나님을 기억하며 살아가도록.

3. 여울 가지장의 빠른 회복을 위해서.

4. 어떤 상황에도 하나님을 의지하고 영혼을 바라볼 수 있도록.

5. 우리 땅 밟기 마치는 날까지 안전을 위해서.

■ 전도 결과

○ 1일차: 접촉 90명, 전도 16명, 영접 11명

○ 2일차: 접촉 91명, 전도 12명, 영접 9명

○ 3일차: 접촉 4명, 전도 2명, 영접 0명

※ 전도 종합: 접촉 185명, 전도 30명, 영접 20명

■ 용어 설명

우리 땅 밟기란 '순례 전도'를 일컫는 것이며,

우리 땅 살리기란 '농촌 봉사 활동'을 의미한다.

아직 숙소를 잡지 못했습니다

다음은 우리 땅 밟기 제2일차 카톡 대화방을 생중계한 내용이다.

사자팀: 저희 아침 잘 챙겨 먹고 청라리에서 쌍유리 마을로 전도 나갑니다. 오전 8시 39분.

천리마팀: 저희 천리마팀도 미죽리에서 아침 잘 챙겨 먹고 전도 출발합니다! 8시 54분.

독수리팀: 예정대로 입장 방면으로 가서 그곳 초등학교에서 전도할 것입니다. 오전 9시 19분.

독수리팀: 이제 아침 식사 마치고 예정대로 입장 방면으로 가서 그곳에서 전도할 것입니다. 어제 12시쯤 취침했으며, 새벽기도도 마쳤습니다. 모두들 파이팅하세요. ^^ 오전 9시 19분.

배재철 장로: 모두들 예수 그리스도의 충성된 증인들입니다. 이름도 빛도 없이 예수 그리스도의 향기를 드러내는 이들이야말로 진정한 제자입니다. 평강의 주님께서 능력 가운데 친히 열매를 거두시리라 믿고 일꾼들에게 평강으로 함께하시리라 믿습니다.

임미혜: 감사합니다. 저희는 초등학교에서 전도하려고 글 없는 책을 만들고 있습니다.

리민수: 모두들 파이팅! 장로님! 감사합니다. ^^

김은혜: 기도하고 있어요. 모두 파이팅! ^^

장경순: 여러분을 응원하고 기도합니다. 수원지구 파이팅!

황숙영: 아름다운 발걸음을 응원하고 있어요. ^^

사자팀(윤진배): 지금 양곡리 달성침례교회에 도착. 2시 9분.

천리마팀(전지혜): 저희 천리마팀이 길을 많이 헤매고 있습니다. 기도
해 주세요. ㅠ.ㅠ

독수리팀(임미혜): 독수리팀은 입장감리교회에서 점심 먹고 성환 쪽으
로 갈 예정입니다.

서예지(비호팀): 건천리 벧엘교회에서 점심 섬김 받고 4시 반까지 평택
으로 가려고 합니다.

리민수: 이번 천리마팀 코스는 내가 잘못 선정했습니다. 절대로 자책
이나 낙심하지 마세요. 각 팀장은 먼저 숙소를 정하고, 그 지역
에서 전도하십시오. 오후 4시.

배재철 장로: 평강의 주님께서 우리 사랑하는 지체들의 마음과 생각을
주장하여 주시어 성령님의 하나 되게 하신 것을 함께 지키게 하
심을 찬양합니다. 믿음의 용사들이여, 파이팅!

김요한: 양곡리 달성침례교회에서 점심 먹고 영당리 방면 전도를 위해
출발합니다. 3시 17분.

천리마팀(전지혜): 방금 천안 남천안고회를 너무 감사하게 숙소로 잡았
습니다. 5시 43분.

독수리팀(임미혜): 성환 버스터미널에 도착, 주변 중학교에서 전도하고
있습니다. 5시 48분.

비호팀(서예지): 평택역으로 가고 있습니다. 모두들 파이팅! ^^

독수리팀: 아름이를 위해 기도해 주세요. 엄마께서 수련회와 전도 순례 온 것을 아서서 많이 힘들어하고 있습니다. 6시 30분.

독수리팀: 안타깝게도 아름이가 먼저 귀가하게 되었습니다.

사자팀: 신방2리 마을회관 도착해서 숙소 잡았습니다. 7시 5분. 해가 지기까지 마을 전도하겠습니다. 오후 7시 32분.

독수리팀: 저희 성환읍 물댄동산교회에 숙소 정했습니다. 모두들 파이팅하세요. ^^ 오후 7시 53분.

비호팀: 저희 비호팀, 아직 숙소를 잡지 못했습니다. 여기는 지금 비가 조금씩 오고 있습니다. 지체들이 많이 걸어서 지쳐 있습니다. 예비하신 곳으로 인도해 주시도록 기도해 주세요. 오후 8시 8분.

비호팀: 아직도 숙소를 정하지 못했어요. ㅠ.ㅠ 오후 8시 45분.

비호팀: 하나님의 은혜로 평택에 있는 온누리교회에 숙소 정했습니다. 할렐루야! 오후 9시 8분.

리민수: 사랑하고 오늘도 정말 애썼습니다. 여러분을 주님의 이름으로 축복합니다.

2014.7.4.

여러분이 힘들면 나도 힘듭니다

오늘은 전도 순례 2일차다. 다음은 각 팀의 아침 보고 내용이다.

- 독수리팀: 05:30-06:30 기상, 세면 / 06:30-07:10 아침 식사와 뒷 정리 후 오전 8시 출발할 예정입니다.
- 비호팀: 4시 30분 기상 / 5:00-6:00 새벽기도회 / 6:00-7:30 휴식 및 세면 / 9시경 출발할 예정입니다.

점심 때에 팀장 보고가 왔다.

- 비호팀: 12시 덕암초교 앞, 유구제일교회에서 제공해 준 김밥으로 점심 해결하고 잠시 쉬는 중입니다.
- 독수리팀: 거산리에서 점심으로 떡과 초콜릿을 먹고 잠시 휴식하고 있습니다.

오후 2시경, 나는 순례 전도 각 팀에게 다음의 메시지를 보냈다.

사랑하는 나의 지체된 형제자매 여러분!

지금 이 시각 무더위를 뚫고 39번 국도를 걷고 있을 여러분을 생각하면 마음이 아프고 무겁습니다. 하지만 이 일이 주님의 나라와 의를 구하는 일일뿐 아니라, 그리스도의 제자로서 통과해야 할 마땅한 고난이며 훈련이기에 오히려 기쁘고 감사하게 여기고 응원합니다.

비호팀은 김밥과 떡으로, 독수리팀은 떡과 초콜릿으로 점심을 대신했다는 보고를 받았습니다. 마음이 많이 아픕니다. 그래서 실은 나도 점심을 먹지 않았습니다. 나는 하나님께서 여러분에게 점심을 제대로 제공하시는지 아니하시는지 기다리고 있었습니다. 만약 여러분이 점심도 거른 채 이 무더위 속에서 걷고 있다면 나도 마땅히 점심을 먹지 않을 것입니다.

사랑하는 형제자매 여러분!

나는 여러분의 영적 아비이자, 그리스도의 한 지체입니다. 여러분이 힘들면 나도 힘들고, 여러분이 배고프면 나도 배가 고픕니다. 나도 지금 배가 몹시 고픕니다. 하지만 지체들이 전선에 나가 있는데 어찌 나 홀로 배부를 수 있겠습니까?

사랑하는 여러분!

이제 내일이면 서로 만나게 됩니다. 어제 헤어졌지만 몇 달은 된 것 같습니다. 하나님이 여러분을 통해 하신 일이 기대됩니다. 끝까지 승리하세요. 주님의 심장으로 여러분을 사랑합니다.

각 팀장은 행군을 잠시 멈추고, 이 내용을 지체들에게 육성으로 들려주기 바랍니다.

오후 6시 42분, 오늘은 독수리팀에서 먼저 보고가 들어왔다.

"독수리팀, 아산시 온양6동 삼광교회에 숙소 잡았습니다."

이어서 오후 8시 35분에 비호팀의 보고다.

"저희는 충남 아산시 읍내동 하늘문교회에 숙소 잡았습니다!"

이제 내일의 만남을 기대하며 나도 오늘은 일직 쉬련다.

교회에서 라면을 사 먹은 지체들

오늘, 수련회와 전도 순례로 전반기 사역을 모두 마쳤다. 이에 몇 가지 기록을 남긴다.

■ 하나, 수련회장에서 매일 등하교한 자매

바로 한세대학교 강가임 자매다. 학사 일정이 맞지 않아 수련회에 올 수 없는 상황이지만 자매는 절대로 포기하지 않았다. 수원에서 대전역, 다시 대전역에서 대전침신대학교까지는 왕복 5시간이 걸린다. 매일 이 거리를 등하교했다. 학교 일과를 마치고 수련회장에 도착하면 오후 7시 반이다. 그리고 자매는 다음날 아침모임을 마치고 등교한다. 자매의 말씀을 향한 사모함이 놀라울 뿐이다. 누군가는 그런 사모함이 있는데, 누군가는 올 수 있어도 오지 않는 현실! 그래서 세상은 공평한(?) 것이다.

■ 둘, 여전히 변함없는 졸업생들의 후배 사랑

수련회 마지막 날 밤은 매년 선배들이 격려차 수련회장을 방문한다. 올해도 어김없이 직장을 마친 제자들 홍춘기, 김진주, 박양근, 김은혜, 이은선, 김유미, 이경선, 박찬송, 선우은 이 자정 가까운 시각에 수련회장에 와 격려했다. 어떤 제자는 양평에서, 어떤 제자는 일산에서 왔다. 양손에 통닭과 수박을 가득 안고 왔다. 그 밤에 먹은 것은 반도 되지 못한다. 후배들을 넉넉히 격려하고 자정이 되어서야 돌아갔다. 그 한결 같은 사랑! 그 변함없는 제자들의 응원에 감동한다.

■ 셋, 교회에서 라면을 사 먹은 지체들

오늘 오전, 전도 훈련을 마치고 돌아온 지체들로부터 보고를 받았다. 올해는 충청남도 북부 지역에서 순례 전도를 했다.

비호팀 전도 통계: 접촉 47명, 전도 10명, 영접 3명
독수리팀 전도 통계: 접촉 133명, 전도 25명, 영접 6명

이어서 전도 순례 중에 있었던 여러 이야기를 보고 받았다.

비호팀이 한 교회를 방문해서 하룻밤 숙소 제공을 허락 받았다. 전도 순례 중에 숙소를 잡는 일은 생각보다 쉽지 않다. 어떤 경우는 여러 교회에서 숙소 제공을 거절해서 밤새 고생하는 경우도 있다. 따라서 숙소를 제공해 준 교회에 그저 감사(?)할 따름이다. 그런데 비호팀은 '교회에서 파는 라면을 사서' 끓여 먹었다는 것이다. 좀 야박하다는 생각이 들었다. 교회에서조차 이래서는 안 되는 데 말이다.

반면, 독수리팀은 마땅한 숙소가 없어서 헤매던 중 하나님의 인도로 한 마을회장 댁에서 묵었다고 한다. 마을회장님이 흔쾌히 숙소를 제공했을 뿐만 아니라 푸짐한 김치찌개로 정성껏 섬겨 주셨다고 했다. 참 묘한 대비를 이룬다.

캠퍼스 행전

하프 타임

방학 중 사역/영적 재충전

이르시되 너희는 따로 한적한 곳에 가서 잠깐 쉬어라 하시니
이는 오고 가는 사람이 많아 음식 먹을 겨를도 없음이라(막
6:31).

영적 하프 타임(Half Time)의 중요성

우리에게 영적 하프 타임은 왜 중요할까요?

첫째, 영적 반추反芻의 시간이기 때문입니다. '반추反 되돌릴 반, 芻 꼴 추' 란 소나 양이 꼴을 위胃에 넣고 계속해서 되새김질로 소화해 가는 것을 말합니다. 그리고 어떤 일을 되돌아보고 음미하는 것을 말합니다.

사도 바울은 고린도전서 10장에서 고린도 교인들에게 광야에서 불순종행던 '조상들의 전철을 밟지 말라.'고 권면합니다.

그들 가운데 어떤 사람들과 같이 너희는 우상 숭배하는 자가 되지 말라 … 우리는 그들과 같이 음행하지 말자 … 우리는 그들과 같이 시험하지 말자 … 너희는 그들과 같이 원망하지 말라(고전 10:7-10).

한마디로 조상들이 걸어온 역사를 반추해 보고 본보기로 삼으라는 것입니다. 세상 사람들도 자신이 행한 일들을 되돌아보고 반성합니다. 미국의 경제학자 피터 드러커는 "피드백이 없는 사람은 짐승과 같다!"라고 했습니다.

사랑하는 여러분!

우리도 방학이라는 하프 타임을 통해서 우리 자신을 돌아봐야 합니다. 이것이 없이는 후반전의 영적 전투를 승리할 수 없습니다.

둘째, 영적 휴식의 시간이기 때문입니다. 누군가 "일만 알고 휴식을 모르면 브레이크 없는 자동차와 같이 위험하다."라고 말했습니다. 휴식의 중요성을 일깨우는 말입니다. 예수님도 휴식을 취하셨고, 제자들에게 휴식을 권하셨습니다.

> 사도들이 예수께 모여 자기들이 행한 것과 가르친 것을 낱낱이 고하니 이르시되 너희는 따로 한적한 곳에 와서 잠깐 쉬어라 하시니 이는 오고 가는 사람이 많아 음식 먹을 겨를도 없음이라(막 6:30-31).

사역에 있어서 '열심'과 '열정'은 대단히 중요합니다. 하지만 '열정'만큼 중요한 것이 바로 '사역의 지속성'입니다. 그래서 '적당한 때', '적당한 쉼'은 더욱 중요한 것입니다. 이번 방학, 여러분에게도 주님의 이름으로 '쉼'을 명령합니다.

셋째, 영적 재충전의 시간이기 때문입니다. 많은 사람이 바빠서 말씀을 읽고 기도할 시간이 없다고 말합니다. 과연 그럴까요? 이는 마치 운전자가 너무 바빠서 차에 기름을 넣을 시간이 없다고 하는 것과 같습니다. 미리 연료를 가득 넣지 않으면, 언젠가 원하지 않은 때에 원하지 않는 장소에서 차가 멈추게 된다는 사실을 깨달아야 합니다. 마찬가지로 말씀이라는 기름을 넣지 않는다면, 전혀 예상하지 못한 순간에 내 영혼이 마비될 것입니다.

> 주 여호와의 말씀이니라 보라 날이 이를지라 내가 기근을 땅에 보내리니 양

제6부 하프 타임

식이 없어 주림이 아니며 물이 없어 갈함이 아니요 여호와의 말씀을 듣지 못
한 기갈이라(암 8:11).

얍복강가는 야곱의 하프 타임이었습니다. 시내산은 엘리야의 하프
타임이었습니다. 광야는 다윗의 하프 타임이었습니다. 길리기아 다소
는 사도 바울의 하프 타임이었습니다.

우리에게도 영적 하프 타임이 필요합니다. 그런 의미에서 이번 여
름수련회에 모두 참석하기 바랍니다. 여름수련회는 우리에게 영적 회
복의 장소이며, 갱신의 장소이며, 재충전의 장소입니다.

하프 타임!

그것은 바로 나를 위한 시간이며, 하나님을 하나님 되게 하는 시간
입니다.

의미와 재미의 균형

어제와 오늘, 제부도로 엠티를 다녀왔다. 우리 수원 DFC에 속한
6개 캠퍼스 연합으로 2013학번 새내기를 맞이하고 처음 하는 엠티
다. 가지장 18명과 가지원 17명, 사역자 5명 이렇게 총 40명이 참석
했다. 예년에 비해 약 10명 정도 줄었다. 엠티를 통해 공동체가 하루
빨리 하나 되기 원했다.

매년 세찬 바람으로 엠티의 축제 분위기가 반감되었는데, 올해 제부도는 바람이 거의 없고 날씨도 비교적 맑고 화창했으며, 포근했다. 먼저 숯불구이 바비큐 파티를 했다. 올해도 어김없이 수원지구를 섬기시는 복인한, 정묘섭 집사 가정에서 삼겹살을 제공해 주셨다.

올해는 돼지고기 값이 폭락하여 축산 농가가 전체적으로 어려움을 겪고 있어 따로 부탁하지는 않았다. 그러나 다행히 이번 엠티를 위한 몇몇 졸업생의 특별 후원으로 넉넉히 먹을 수 있었다.

이어서 참 오랜만에 내 개인 신앙 간증을 했다. 처음 어떻게 예수님을 만났으며, 어떻게 양육 받았는지, 처음 믿음 생활을 시작할 때 어떤 시련이 있었는지, 그리고 어려움을 어떻게 극복했는지 이야기했다. 또한 사범대학을 나온 내가 교사를 포기하고 어떻게 장교가 되었는지, 왜 군 생활 15년 만에 전역하고 캠퍼스 사역자가 되었는지 그리고 왜 하필 캠퍼스 선교사가 되었는지 간증했다. '의미' 있는 엠티가 되기 위한 시간이었다.

간증을 오후 11시 30분에 마쳤다. 이어서 총단에게 다음 순서를 넘겼다. 모든 지체가 하나 되는 시간을 갖기 위해서다. 사역자들은 이 순서에 모두 열외했다. 정말 열심히 재미 있는 시간을 보내는 모습이 좋아 보였다.

사역자들은 잠시 나눔을 갖고 취침했지만 지체들은 밤새도록 잠을 자지 않았다. 이것은 과열이다. '절제'가 없다. 예년에는 이 정도는 아니었는데, 올해는 훨씬 뜨겁다. 좋게 보면 '열정'이 많은 것일 수도 있지만, 어떻게 보면 '재미'로만 치우친 것 같아 조금은 염려가 된다. 다음 엠티 때는 '의미'와 '재미'의 균형을 가르쳐야 할 것 같다.

미국에서 배달된 볶음밥과 탕수육

"목사님 안녕하세요? 지금 개강 수련회 중이시지요? 혹시 수원지
구 멤버십이 몇 명이나 되죠?"

"영완 형제! 또 무엇을 하려고요. 이제 더는 무리하지 마세요."

"꼭 알려 주세요, 목사님!"

"졸업생 제외하고 남은 가지장이 약 20명쯤 됩니다. ^^"

"저녁 식사 시간은 몇 시쯤이죠?"

"개강 수련회 일정표를 보낼게요."

■ 개강 수련회 일정표

○ 오후 3:00-4:00: 햇가지장 양육 교재 점검

  * 새 생명 걸음마 암송 성구 테스트

○ 오후 4:00-5:30: 새 생명 걸음마 조별 실습(제1과)-당일 편성

  * 가지모임 실습 대상자: 보담, 예현, 예림, 지훈, 태선, 사랑

  * 트레이너(멘토) 가지장: 송누리, 장성호, 전인환, 서지혜, 구예영,

    김효정, 이정은

○ 오후 5:30-6:30: 저녁 식사

○ 오후 6:30-7:00 : 생명을 주는 사랑 실습 시간

○ 오후 7:00-7:30 : 새 학기 사역 팁 나누기-총단

(팀 미팅/문자 보내기/접촉 방법 등)

○ 오후 7:30-7:50 : 경배와 찬양(장성호 가지장)

○ 오후 7:50-9:00 : 특강(리민수 선교사)

○ 오후 9:00-9:30 : 기도회(총가지장)

○ 오후 9:30-10:00 : 정리 정돈 및 해산

"현재 일정 상, 식사는 조금 늦어질 듯허요."

"알겠습니다. 저녁 식사는 저희 가정에서 준비할게요."

"이거 정말, 늘 이래도 되나? 형제 가정이 너무 많은 짐을 지는 것 같아 조금 부담스럽네."

"짐이라뇨? 아닙니다. 할 수 있음이 감사합니다."

"에구~ 고마워요."

"목사님! 목요일 오후 5시30분에 남우원 목사님께서 김진경 권사님이 운영하시는 상하이를 통해 볶음밥과 탕수육을 전달해 주실 거예요. 맛있게 드시고 힘내세요. ^^ 남 목사님이 배달해 주시기로 했으니, 받아서 드시기만 하면 됩니다. 일단 25인분 주문했습니다. 혹시 음식이 부족할 거 같으면 카톡 남겨 주세요."

"아이쿠, 이런 ㅠㅠ 그대들은 정말 못 말리는 사람들이야. ^^"

이 대화는 지난 화요일, 미국에 있는 변영완 형제와 나눈 것이다.

미국에서 배달된 사랑의 탕수육으로 개강 수련회는 더욱 풍성했고 따듯했다.

체력 그리고 사역

오후 내내 잠을 잤다. 지난 3일간 무리해서 사역했더니 많이 피곤했던 것 같다. 목요일과 금요일은 대천에서 리더 훈련Leadership Training Camp이 있었고, 이어서 어제부터 제부도에서 교회 청년대학부 수련회가 있었다. 가지장 엘티Leadership Training는 리더들을 격려하는 의미가 크기에 매년 펜션을 빌려 바비큐도 하고, 물놀이도 할 겸 대천으로 떠난다. 비수기라 숙소비도 저렴해서 우리가 모임을 갖기에는 최적의 장소다. 게다가 수원역에서 대천역까지 직통으로 연결되니 엘티하기에 최적의 장소다.

출발 전에는 예년에 비해 참석자가 적어 좀 우울했다. 하지만 최선을 다해 준비했다. 저렴한 가격에 좋은 먹거리를 준비하려고 발품도 많이 팔았다. 낮에는 마음껏 물놀이했다. 이날 수구를 했는데, 아주 짧은 시간을 움직였는데도 체력이 많이 소진되었다. 나이를 먹었다고 지체들과 어울리는 것을 피하고 싶지 않았다.

오후에 감동적인 일이 있었다. 수구를 막 마치고 나올 무렵, 미국에 있는 영완 형제에게서 또 전화가 왔다.

"목사님! 지구 홈페이지를 보니 오늘 가지장 엘티를 하더라고요. 그래서 후배들을 좀 격려해 주고 싶어서 후원금을 약간 보냈습니다. 목사님! 제 이름은 밝히지 마시고요. 혹시라도 문자 같은 거 보내지 않게 해 주세요."

정말 귀한 마음을 가진 제자요, 동역자다. 덕분에 간식으로 통닭과 과일을 넉넉히 먹었다.

저녁에는 짧게 특강을 했다. 베드로전서 5장 말씀을 중심으로 '리더십'의 기본을 강조했다.

리더는 하나님의 부르심과 위탁을 받은 하나님의 리더다!
리더는 앞에서 이끄는 사람이 아니라, 섬기는 사람이다!
리더는 억지로 하지 않고, 자원함으로 한다!
리더의 가장 중요한 덕목은 '본이 되는 것'이다.
그러다 보면 언젠가 참된 리더가 되어 있을 것이다.

강의를 마치고, '학업과 사역'이라는 주제로 나눔 시간을 가졌다. 그 후에 해변 기도회로 하루 일과를 다 마쳤다.

오늘 오후, 모든 일정을 끝내고 귀가하자마자 샤워를 하니, 녹다운이 되었다. 요즘 말로 오후 내내 '꿀잠'을 잤다. "사역은 체력이다."라는 말이 새삼 실감 난다.

느헤미야의 리더십 열둘

리더란 누구인가? 리더는 '앞에서 이끄는 사람'이 아니다. 여러 가지 면에서 '영향력'을 발휘하는 사람이다. 가정에서는 부모가 리더다. 사람들 대부분은 부모가 된다. 그런 의미에서 우리 모두는 리더다. 하지만 모두가 성공하는 리더가 되는 것은 아니다.

역사상 가장 위대한 리더는 누구인가? 사람마다 생각이 다를 수 있다. 하지만 예수 그리스도를 최고의 위치에 놓는 데는 아무도 이견이 없을 듯하다. 그러나 나는 여기서 이스라엘 3차 귀환의 영도자 느헤미야의 리더십을 살펴보고자 한다. 다음은 느헤미야의 리더십을 12가지로 정리한 것이다.

첫째, 성전을 바라본 리더였다(느 1:1-2).

둘째, 심장이 뜨거운 리더였다(느 1:4).

셋째, 기도하는 리더였다(느 1:4, 5, 11).

넷째, 행동하는 리더였다(느 2:5).

다섯째, 세상에서도 인정 받는 리더였다(느 2:6-9).

여섯째, 대적이 두려워했던 리더였다(느 2:10).

일곱째, 추진력이 뛰어난 리더였다(느 2:11-16).

여덟째, 주도면밀한 리더였다(느 3장).

아홉째, 위기관리 능력이 뛰어난 리더였다(느 4장).

열째, 의분할 줄 아는 리더였다(느 5:1-7).
열한째, 헌신적인 리더였다(느 5:14-15).
열두째, 영적 분별력이 탁월한 리더였다(느 6장).

성경은 이렇게 기록하고 있다.

우리의 모든 대적과 주위에 있는 이방 족속들이 이를 듣고 다 두려워하여 크게 낙담하였으니 그들이 우리 하나님께서 이 역사를 이루신 것을 앎이니라(느 6:16).

한 사람의 탁월한 리더십이 하나님께 영광을 돌린 것이다.

성경적 리더십은 '군림의 리더십'이 아니라, '섬김의 리더십'이다. 후미에서 '공격 앞으로!'를 외치는 것이 아니라, 선봉에서 '나를 따르라!'라고 말하는 것이다. 여기에서 우리가 분명히 알아야 할 것이 있다. 훌륭한 리더는 타고나는 것이 아니라 만들어진다는 것이다. 하나님의 능하신 손이 우리를 만지시면, 누구나 놀라운 리더가 된다.

2016.08.26.

리더의 영적 슬럼프 극복

이제 다음 주면 모든 캠퍼스가 개강을 한다. 어제 개강 수련회에서

'리더들의 영적 회복을 위한 리더십 특강'을 여러 개 했다. 그중 영적 침체에 빠진 지체들을 의식한 특강은 '리더의 영적 슬럼프와 극복'이다. 먼저 무엇이 영적 리더를 지치게 만드는가?

첫째, 비전 확신 없는 사역이다. 구원의 확신, 부르심에 대한 확신, 하나님의 임재에 대한 확신이 없을 때, 다시 말해서 의무감으로 사역할 때 사역자는 지친다.

둘째, 하나님과의 교제가 없는 분주함이다. 신학자 A. W. 토저의 말을 빌리면, "열심 있는 그리스도인들이 범할 수 있는 보편적인 가장 큰 과오는 하나님의 일에 너무 바빠 하나님과의 교제를 게을리하는 것이다. 이런 사람들은 조만간 하나님의 일에 대한 의욕조차 잃어버리고 시험에 들 가능성이 아주 많다. 교제를 게을리하고 그 교제로 얻는 평안과 기쁨 그리고 안식이 없으면 하나님의 일을 오래 지속할 수 없다."

셋째, 체력으로 인한 소진이 사역자를 지치게 한다. 따라서 리더의 '자기 관리'는 매우 중요하다. 여기서 자기 관리라 함은 영적 관리, 시간 관리, 체력 관리를 포함한다.

이상이 사역자들이 영적 슬럼프에 빠지는 중요한 이유다. 그러면 영적 슬럼프를 어떻게 극복할 것인가?

첫째, '영적 무장'으로만 극복할 수 있다. 하나님의 말씀은 '영적

캠퍼스 행전

양식'인 동시에 '영적 무기'다. 말씀 없이 역동적으로 살 수 없고, 영적 전투에서 이길 수 없다.

또, 기도 없이 영적 전투를 할 수 없다. 출애굽기에서 보는 아말렉 전투가 그 예다. 모세의 기도가 아말렉을 이겼고, 모세의 팔이 내려왔을 때 아말렉에게 패했다. 아론과 훌이 모세의 팔을 떠받쳤던 의미를 알아야 한다.

그리고 성령 충만해야 한다. 자동차는 연료가 충만해야 마음껏 달릴 수 있듯이 사역자가 성령 충만하지 않으면 성공적인 사역을 할 수 없다.

둘째, '사명 회복'으로 극복할 수 있다. 갈멜산에서의 영적 승리 후 엘리야에게 찾아온 깊은 영적 슬럼프를 기억하라.

'오직 나만' 남았거늘 그들이 내 생명을 찾아 빼앗으려 하나이다(왕상 19:10).

과연 엘리야는 혼자였는가? 아니다. 하나님이 남겨두신 7천 명이 있었다.

엘리야가 이 극심한 영적 침체에서 벗어나게 된 계기는 무엇인가? 그것은 '소명 회복'이다.

너는 네 길을 돌이켜 광야를 통하여 다메섹에 가서 이르거든 하사엘에게 기름을 부어 아람의 왕이 되게 하고 너는 또 님시의 아들 예후에게 기름을 부

영적 슬럼프가 없는 사람은 없다. 다만 영적 슬럼프를 어떻게 극복하느냐 하는 것이 문제다. 하나님의 사람은 슬럼프에 빠지지 않는 사람이 아니라, 슬럼프에 빠졌을 때 답답하여 견딜 수 없는 사람이다. 이 사람은 언젠가 다시 일어나게 되어 있다.

셋째, '사명 자각'으로 극복할 수 있다. 성경에 영적 슬럼프를 가장 멋지게 극복한 인물이 있다. 바로 예레미야다. 그는 말씀을 증거할 때마다 조롱과 비방을 받았다. 그래서 그가 말씀을 증거하지 않기로 결심할 정도였다. 하지만 그는 그럴만한 사람이 되지 못했다.

동역자들이여!
하나님이 공급하시는 능력으로 다시 일어나라!

사랑의 파스타

오늘은 수원여자대학교 아침모임에 갔다. 지난번 청소 아줌마에게 당한 봉변을 생각해서 누리 자매를 차에 태우고 들어갔다. 지체 두 명이 간호사 실습으로 빠지고, 모임에 나올 수 있는 지체는 4명뿐이다. 이 중 2명은 집과의 거리가 2시간 이상으로 너무 멀어서 나머지 2명만 참석했다.

예레미야서 13장을 묵상했다. 말씀을 묵상하고, 휴게실에서 지체들에게 음료수를 사 주고 센터로 나왔다.

잠시 후, 장 선교사에게서 문자가 왔다.

"이따 점심에 경선이와 찬송이가 센터로 가서 점심으로 사역자들을 섬긴다고 하네요. 직접 요리를 해 준대요."

경선 자매와 찬송 자매는 수년 전 졸업한 제자다. 오늘은 직장이 쉬는 날이라 사역자들에게 식사 대접을 계획한 모양이다. 하지만 점심시간이 지나도 제자들이 오지 않았다.

오후 1시가 넘어서야 찬송 자매로부터 전화가 왔다.

"목사님! 죄송해요. 조금만 기다리세요. 저희 조금 있다가 도착합니다. 점심해 드릴게요. 절대 식사하지 마시고 기다리세요."

그로부터 30분이 지나자 지체들이 음식 재료를 한아름 들고 센터에 들어왔다.

"목사님! 배 많이 고프시지요? 딱 20분만 기다려 주세요!"

정말 놀랍게도 20분 동안 식사 준비를 마치고 사역자들을 불렀다. 요리는 '사랑의 파스타'였다. 내가 붙인 이름이다. 오늘 제자들의 섬김을 통해 네 번 놀랐다. '어떻게 이런 생각을 다 했을까!'에 놀랐고, 직장 휴무를 이런 식으로 사용한 것에 놀랐고, 음식을 준비하는 속도에 놀랐고, 그 음식맛에 놀랐다.

식사를 마치고 이런저런 이야기꽃을 피웠다. 지체들은 무려 3시간이나 이야기를 나누고, 오후 5시쯤 돌아갔다.

문자로 고마움을 표시하니, 답장이 왔다.

"오늘 너무 즐거웠어요(우와)! 종종 이렇게 또 올게요!! - 찬송."

"아니에요, 항상 목사님과 선교사님께 직접 해 드리고 싶었는데, 마침 기회가 되어서 저도 좋았어요. 맛있게 드셔 주셔서 저도 기뻤어요! 자주는 아니라도 종종 찾아뵐 게요 :) 날씨 추워지니까 건강 챙기시고요. ㅎㅎ"

오늘 이렇게 상상하지 못했던 일이 있었다.

2018.01.06.

이 관심, 이 사랑

■ 하나, "꼭 '무명'으로 선교비를 드리고 싶었습니다."

지난 화요일, 정기 감사를 준비하면서 마지막 해야 할 일이 센터의 통장 정리였다. 12월 31일까지 후원금 입출금 상황을 보고해야 하기

캠퍼스 행전

때문이다. 그런데 은행을 다녀온 장 간사가 누군가 무명으로 거액을 헌금했다며 내게 말했다. 이런 경우 은행에 직접 누군지를 물어 감사 전화를 한다. 그런데 확인한 결과 '뜻밖'의 제자였다. 여기서 '뜻밖'이라 함은 사람이 아니라 그의 상황 때문이다.

전화를 했더니 형제는 지금 직장을 쉬는 '취준생_{취업준비생}'이었다. 그런 처지에서는 정말 헌금하기 쉽지 않은 큰 금액이다. 청년들에게 요즘처럼 추운 시대는 없다. 아직 직장도 없으면서 그 거금을 드리다니 너무 놀라웠다. 게다가 절대로 이름을 밝히지 말 것을 신신당부했다고 한다. 꼭 무명으로 선교비를 드리고 싶다는 것이다.

■ 둘, 따뜻한 손길들

지난 월요일에는 사우디아라비아에 출장 중인 막내 동생 이진수 집사가 금식사경회에 참석한 학생들을 격려하고 싶다며 피자를 카톡 선물로 보내왔다. 지난여름에는 팥빙수를 보내 학생들을 격려했었다. 동생은 종종 이런 방식으로 나를 응원한다.

화요일에는 노회의 심순범 목사님이 캠퍼스 사역에 수고한다며 사역자들에게 커피와 케이크를 보내 주셨다.

수요일 저녁에는 배재철 장로님이 사역자들을 서울로 초청하여 식사를 섬기셨다.

목요일에는 다른 지구 출신 맏가지가 카톡 선물로 스타벅스 커피 두 잔을 보내왔다.

지난주에는 첫 휴가를 나온 태선 형제가 초코파이를 선물로 사와 엊그제 채플에서 나눴다.

참으로 평소 없었던 잔잔한 사랑의 손길이 많은 한 주였다. 이 추운 겨울, 따뜻한 마음들이다. 사랑은 관심이다. 이 관심! 이 사랑! 이 응원에 감동한다.

캠퍼스 행전

전과 확대

후반기 사역

여호와께서 그들을 이스라엘의 손에 넘겨주셨기 때문에 그
들을 격파하고 큰 시돈과 미스르봇 마음까지 추격하고 동쪽
으로는 미스바 골짜기까지 추격하여 한 사람도 남기지 아니
하고 쳐 죽이고(수 11:8).

잊힌 이름, 지워진 이름

오늘 핸드폰 주소록을 정리했다. 1번부터 마지막까지 검색하면서 한 사람 한 사람 얼굴을 떠올렸다. 그러고 보니, 참 많은 사람의 이름이 저장되어 있었다. 어떤 이름은 기억이 잘 나지 않기도 하고, 오랫동안 연락이 안 되는 이름도 있었다. 그중 불가피하게 몇 명의 이름을 지웠다.

기억이 잘 나지 않는 사람!

오랫동안 연락이 되지 않는 사람!

연락해도 전화를 잘 받지 않는 사람!

아무 말도 없이 우리 공동체를 떠난 사람!

그리고 그토록 러브콜love call을 보냈는데도 외면한 몇 사람은 독하게 마음먹고 이름을 지웠다.

그래도 이들의 이름을 지울 때는 정말 마음이 아팠다. 하지만 몇 명의 이름은 결코 지울 수 없었다. 그중에는 오랜 시간 동역했던 지체들도 있다.

잊힌 이름들!

지워진 이름들!

아쉽지만, 이제 그들을 다시 찾는 일은 없을 것이다. 아니, 다시 찾으려 해도 이제는 기회가 거의 없다. 누군가의 새로운 이름이 그 자리를 채워나갈 것이다.

캠퍼스 행전

그러나 내 핸드폰, 우리 공동체에서 이름이 지워지는 것이 뭐 그리 대수겠는가? 이들의 이름이 주님의 생명책에서 지워지지 않기를 간절히 바랄 뿐이다.

2007.08.30.

아주대학교 캠퍼스 사역 전략

아주대학교 2007년도 2학기 사역 계획

- 주제 성구: 요셉은 곧 샘 곁의 무성한 가지라 그 가지가 담을 넘었도다(창 49:22).
- 주제: 세상이 감당 못할 아주 D맨
- 사역 인원: 유진, 정훈, 선동, 미경, 혜민, 성은, 희진, 해영, 현준, 유라, 진기, 은선, 성중, 규성
- 담당 사역자: 남우원 간사님
- 사역방향

1. 매칭: 영향력
  1) 강의실에서
    - 맨 앞줄 앉기
    - 교수님, 강사님께 인사하기
  2) 본인이 속한 공동체(학과, 소학회, 다른 동아리)
    - 모범이 되는 그리스도인

- 먼저 도와주기(손해 보기)

3) 권유하기

- 신자: '같이 하자!'

- 비신자: '교회 가자!'

4) 구체적인 계획

- 수시: 설문지, 명함 나누어 주기, 길 안내하기

- 전도: 전도 소책자『생명을 주는 사랑』 전하기

- 시간 관리 특강: 강의와 방명록을 통해 연락처 확보

설문 조사

2. 모임 참석

1) 아침 모임: 매일 8시 20분, 아침 모임 이벤트도 있을 것임!

2) 전도 모임: 9월 전도 목표

- 접촉 240명 (2학기 목표-접촉 580명)

3) 가지모임: 각 가지별로

4) 채플, 가지장 교육 적극 참여

■ 기타 일정

○ 8월 27일: 국기게양대 8시, 그 후 DFC 홍보물 부착

○ 8월 30~31일: 개강 리트릿 총동원

○ 9월 6일: 2학기 개강 예배(아주대 헌신 예배: 특송)

○ 9월 10일: 아주대 기독교 연합 예배

○ 9월 17일, 10월 1일: 시간 관리 특강(포스터 제작 모임도 예정)

○ 9월 28~29일: 선교 일일찻집

캠퍼스 행전

○ 10월 6~7일: 아주대 수시 2단계

○ 10월 1~2주: 말씀 사랑 대축제 - 아침 모임 집중!

○ 10월 19~20일 정도: 아주대 리트릿-중간고사 끝날 때 쯤

○ 11월 2일: Home Coming Day

○ 11월 22일: 가지원 헌신 예배

○ 11월 중순~말: 08년 예비 가지원들과의 만남 시간

○ 겨울수련회 총동원 - 목표 인원 15명!

모든 DFC 활동은 즐거운 마음으로 … 선봉 아주대!

■ 엘티_{Leadership Training} 이후 새로 임명된 아주대학교 대표 장유진 자매의 탁월한 기획력이 돋보인다. 자매의 그 탁월함과 열정과 추진력을 격려한다.

2012.12.06.

전도 접촉 152명, 전도 42명, 영접 26명, 연결 3명

지난 11월을 전도 집중의 달로 선포했었다. 다음은 홈페이지에 올라온 간증 중에서 몇 개를 옮긴 것이다.

오늘 드디어 저의 사랑하는 아버지께 복음을 전했습니다. 제가 전해 드리는 그 복음을 받아들이시기 전까지, 그동안 아버지는 교회에 함께 가자는 말을 완고하게 거부해 오셨습니다. 몇 번 말씀을 드렸지만 그

이야기를 다시는 꺼내지 말라고 하셨습니다. 그런데 오늘 너무 기쁘고, 감사하고, 놀라운 일이 벌어졌습니다.

제 주변에는 하나님을 믿지 않는 친구가 너무나 많습니다. 그래서 항상 그들의 이름을 기억하며 기도하고 있습니다. 사실 직접적으로 하나님을 전하지 못하고 있었는데, 정말 신기한 일이 있었습니다. 오랜만에 메신저에 접속했는데, 고등학교 친구를 만난 것입니다. 그 친구와 이런저런 얘기를 하던 중, 그 친구는 아주머니들이 자신에게 다가와 전도하는 것이 무척 짜증난다고 말했습니다. 이 말을 듣는 순간 재빨리 전도 소책자 『생명을 주는 사랑』을 가져와 메신저로 그 친구에게 복음을 전했습니다.

같이 학교에 다니는 친구가 있습니다. 이번에 새로 사귀는 여자 친구로 완전히 삶의 활력이 생긴 친구인데, 이번 월요일에 수업 시간 전에 복음을 전했습니다. 그런데 이번 주일에 여자 친구와 교회에 갔다는 것입니다! 그것도 난생처음으로 말입니다. 하나님께서 이런 기회를 주심이 너무 감사했습니다.

다음은 이번 전도 집중기간 캠퍼스별 전도 결과다.

경기대학교: 접촉 51명, 전도 15명, 영접 6명
아주대학교: 접촉 29명, 전도 6명, 영접 2명

캠퍼스 행전

수원여자대학교: 접촉 56명, 전도 17명, 영접 11명, 연결 3명

한세대학교: 접촉 6명, 전도 3명

한신대학교: 접촉 8명, 전도 4명, 영접 0명

명지대학교: 접촉 2명, 전도 1명, 영접 0명

합계: 접촉 152명, 전도 42명, 영접 26명, 연결 3명!

우수 캠퍼스와 지체들에게는 시상을 했다.

* 최우수 캠퍼스: 수원여자대학교

* 우수 캠퍼스: 경기대학교

* 최우수(개인): 경기대학교 장성호 형제

* 우수(개인): 수원여자대학교 이산설 자매

이번 전도 집중기간에 순종하고 따라와 준 지체들 모두를 격려하고, 주님의 이름으로 축복한다.

2011.11.10.

캠퍼스 전도 축제

■ 일시: 2011년 11월 8일(수원여자대학교), 11월 9일(경기대학교)

■ 장소: 수원여자대학교 학생회관 동아리방 및 세미나 룸

■ 참석자: 초청자(7명) 및 DFC 참석자(10명)

박O롬, 주성O은, 서O지, 박O연, 유O영, 최O정, 이O임,

최O지, 김선영, 정서현, 윤O배, 김보라, 박찬송, 최O라,

김다솜, 권미선, 장경순 간사님

■ 전도축제 순서

① 초청 친구들 환영식 ② 자기소개 ③ 다 함께 찬양

④ DFC 소개 영상/복음 메시지 ⑤ JOYJOY 워십

⑥ 초청한 친구에게 편지 낭송

⑦ 전체 특송("주의 친절한 팔에 안기세")

⑧ 생명을 주는 사랑/영접 기도 ⑨ 영접한 친구들 축복

⑩ 다과 및 나눔 ⑪ 기도 제목 나누기

■ 전도 간증

2학기 사역이 시작될 때부터 이미 동방 게시판에 적어 둔 영혼들의 이름을 바라보며 기도했습니다. 한 달 반 정도 되는 그 기간에 매주 씨앗 뿌리기 미션을 통해 그 영혼들을 간절한 기도로, 말씀으로, 물질로 섬겼습니다. 하나님이 예비하신 영혼을 향한 설렘과 기대 그리고 간절함으로 기도했던 전도 축제. 드디어 그 첫걸음을 내딛었습니다.

평소 가깝게 지내는 친구에게 전도한다는 것은 정말로 어색했습니다. 지쳐 보일 때, 힘이 될 만한 말씀을 카톡으로 보내 보기도 하고, 아침을 먹지 못하고 올 때에는 요플레로 섬기기도 하면서 조금씩 사랑을 흘려보냈습니다. 하나님은 이렇게 조금씩 복음을 흘려보낼

캠퍼스 행전

기회를 많이 만들어 주셨고, 친구도 점차 마음의 문을 열어 전혀 어색해하지 않고 복음을 듣는 분위기가 되었습니다. 이때다 싶어 담대히 초청장을 내밀었고, 떨리는 맘으로 대답을 기다렸는데 … 우와, 역시 하나님은 신실하셨습니다. 계획하신 일은 한 치의 실수 없이 이루시는 하나님이었습니다.

다음날, "나, 거기 갈래!"라고 고백하는 친구의 모습은 정말 너무나도 귀하고 가슴이 쿵쾅쿵쾅 뛰는 순간이었습니다. 정말 우리 지체들이 하나 된 마음으로, 한 뜻으로 임하는 모습을 보면서 '하나님이 얼마나 기뻐하실까?'라는 생각이 듭니다! 이 모든 영광을 나의 주, 나의 왕 되신 주님께 올려드립니다! ♡

지난 화요일에는 수원여자대학교에서, 어제는 경기대학교에서 캠퍼스 전도 축제가 있었다. 수원지구에서 처음 있는 일이었고, 장경순 선교사의 아이디어다. 나름 대성공이었다. 지금 당장은 열매가 보이지 않지만, 언젠가 주님께서 친히 그 열매를 추수할 줄 믿는다. 애쓰고 수고한 모든 지체를 주님의 이름으로 격려하고 축복한다.

2009.09.09.

제발 좀 쉬면서 하세요

딸 혜진이가 어제 내게 말했다.

"아빠! 월요일마다 남우원 간사님이 캠퍼스에 나오시는데, 아빠가 좀 쉬라고 하면 안 돼요?"

"그게 무슨 말이야. 남 간사님 스스로 결정해서 나가는 건데."

"그래도 요즘 간사님이 너무 힘들어 보여요."

그랬다. 남 간사를 보면 무척 마음이 아프다.

2학기에는 더 바빠지게 되었다. 신학대학원 과대표를 맡았기 때문이다. 남 간사는 방학 내내 강의를 나갔다. 그런 중에도 신학교 수업이 없는, 쉴 수 있는 하루 동안에 캠퍼스 사역을 나가고 있는 것이다. 오죽 안타까웠으면 딸이 내게 그런 말을 할까?

오늘은 장 간사가 나를 가슴 아프게 한다. 이른 아침에 물어볼 내용이 있어서 전화를 했다. 다른 날 같으면 캠퍼스로 나가는 중이거나 도착할 시간인데 목소리가 거반 죽어 간다. 아차, 싶었다. 사실은 어제 오후부터 상태가 좋지 않았는데, 몸살이 분명해 보였다. 그래서 오늘은 센터에서 쉬라고 하고 담당 캠퍼스 지체들에게 문자를 보냈다.

장 간사님이 몸살 났음. 기도와 문자를 부탁함!

얼마 후 장 간사에게서 전화가 왔다.

"간사님! 왜 애들에게 문자를 보내셨어요. 저 지금 택시 타고 수원여자대학교에 나왔어요."

기가 막혔다. 오늘 하루는 쉬라고 했는데, 결국 캠퍼스에 나간 것이다. 뿐만이 아니다. 수원여자대학교에서 가지모임을 마치고, 한신

캠퍼스 행전

대학교로 캠퍼스 모임이 있다며 가야 한다는 것이다. 할 수 없이 내가 '장 간사 긴급 이동'을 위해 나섰다. 방금 장 간사를 한신대학교에 태워다 주고 센터로 돌아왔다.

솔직히 남우원 간사나 장경순 간사를 보면, 내가 얼마나 부끄러운지 모른다. 밤낮없이 시종여일 始終如— 충성된 종들이다. 그들이 똑같이 고백하는 '결의'가 있다.

닳아 없어질지언정 결코 녹슬어 버려지지 않을 것입니다.

이것은 조지 휫필드의 말이다. 지금 우리 수원지구 동역자들이 바로 이런 삶을 살고 있다. 저러다 정말 닳아 없어질까 염려가 된다. 내가 동역자들에게 해 주고 싶은 말이 있다.

"제발 좀 쉬면서 하세요. 순교할 일 있슙니까?"

목사님 메시지가 감동이 없대요

며칠 전 있었던 일이다! 캠퍼스에서 돌아온 한 자매 간사가 흥분해서 내게 말했다. 한 1학년 형제에 대한 이야기다.

"○○이가요. 가지장들에게 너무 상처를 많이 줘서 가지장들이 많이 힘들어해요. 자기의 질문에 답을 제대로 해 주지 못했다며 저보고 신앙이 너무 어리다고 하네요. 그리고 계속 제게 질문만 한대요. 그래서 왜 채플에 나오지 않느냐고 했더니 목사님 메시지가 '감동이 없다.'라고 하더라고요."

그 학생은 지난 학기 말에 우리 공동체를 탈퇴했다. 당시 이미 누군가와 성경공부를 '6개월 째' 한다고 했었다. 느낌이 안 좋았지만 우리 공동체와 함께하겠다고 하는데 문제가 될 것이 없었다. 하지만 성경공부와 채플 시간에는 참석하지 않았다. 그렇지만 동아리방에는 꾸준히 나와 인간관계를 쌓았던 학생이다. 결국 신천지 맨이 침투해서 공동체를 교란시켰던 것이다.

오후에 장문의 문자를 받았다.

목사님 안녕하세요? 저 보라예요.
오늘 학교 마치고 장경순 선교사님과 센터에서 가지모임하고 집에 가는 길에 목사님 생각이 나서 이렇게 문자드려요. ^^
2학기에 목사님께서 해 주신 성경 조감을 통해 너무나 세밀하고 치밀하신 하나님의 계획을 알게 되었고, 성경을 세부적으로 배우는 것이 지금 저에게 얼마나 중요한 것인지 느끼게 되었어요. 그리고 채플과 가지장 교육 때마다 어렵게만 느껴졌던 성경을 역사적 배경과 함께 자세하고 이해하기 쉽게 설명해 주셔서 너무 감사합니다.
무엇보다도 DFC 공동체 안에서 동역자들과 함께 훈련할 수 있게 해 주시고 또 그 안에서 사랑의 마음을 주신 주님께 너무 감사드려요.

캠퍼스 행전

이번 겨울 금식사경회는 실습으로 인해 저녁 집회만 참여하게 되는데, 그래도 사모하는 마음으로 그 시간만큼은 온전히 하나님께 집중하며 나아갈 거예요.

그동안 정말 감사했지만 앞으로도 쭉 선교사님들께 감사할 거예요.

목사님! 너무 너무 사랑합니다. 그럼 목요 채플 때 봬요. :)

같은 메시지를 전하는데 누구에게는 전혀 감동이 없고, 누구는 이렇게 감동할까! 이런 말이 생각났다.

파도와 바람은 한 방향으로 부는데 왜 배는 각기 다른 방향으로 가는지 아는가? 그것은 바로 '키' 때문이다.

2008.06.25.

이성 교제에 관련한 경고

사랑하는 형제자매 여러분!

오늘은 '경고'의 뜻을 담아 중요한 당부를 하고자 합니다. '이성 교제'와 관련한 것입니다. 지금 여러분에게 경고하지 않으면, 방학 동안 큰 시험에 들 수도 있을 것 같아 '성령의 감동'하심으로 홈페이지에 올리는 글임을 명심하여 모두 주목하고 순종해 주시기 바랍니다.

우선 최근 일부 지체들이 이성문제로 고민하고 있는 것을 알고 있습니다. 또 공동체 내에서 이성 교제 중인 지체들도 파악하고 있습니다. 결론부터 말하면 '이성 교제 금지'를 명합니다.

이성 교제와 관련하여 몇 가지 사항을 정리하겠습니다.

첫째, 이성 교제는 '죄'도 '허물'도 아닙니다. 청년들이 이성에 대한 호기심이나 그리움을 갖는 것은 너무도 자연스러운 일입니다. 하지만 선교단체 내 이성 교제는 자칫 '사탄에게 틈'을 주는 것입니다. 제가 대학생 때도 이성 교제로 공동체가 위기를 맞는 아주 심각한 일이 있었습니다. 수년 전 다른 지구에서도 이성 문제가 사역에 큰 타격을 준 적이 있습니다. 단 한순간도 한 지체의 분별없는 처신으로 눈물로 이룬 사역에 사탄이 틈타지 않도록 하기 바랍니다.

둘째, '공동체를 통한 교제'를 적극 권장합니다. 여러분은 젊습니다. 여러분도 이성을 만나야 하고, 교제도 해야 하고, 결혼도 해야 합니다. 하지만 졸업 전에는 '공동체를 통한 건전한 교제권'을 활용하시기 바랍니다. 그것이 바로 센터에서 하고 있는 채플과 교육과 예배이며, 각 캠퍼스별 사역들 가운데서 자연스럽게 이성을 파악하고 교제하는 것입니다. 다만 이성 교제는 철저히 '인격적'이어야 합니다.

셋째, 특별히 리더들이 '모범'을 보여 주기 바랍니다. 가지장도 사람입니다. 그러나 그냥 사람이 아닙니다. 앞에서 말한 내용을 특별히 명심하고, '하나님의 일'에 사탄이 틈타지 않도록 하기 바랍니다. 덧붙여 말하건대, 지금까지 사역과 연애를 동시에 잘한 가지장은 단 한 사람도 없었습니다. 당부하건대, 이성 교제 문제와 관련해서는 적어

캠퍼스 행전

도 내가 하는 말을 '성령의 음성'으로 여기고 순종하기 바랍니다.

마귀에게 틈을 주지 말라(엡 4:27).

캠퍼스 사역자들의 탄식

2학기가 시작되고 일주일이 지났다. 비록 사역자가 둘 밖에 없지만, 오늘 사역자 회의와 중간 점검을 했다.

동역자인 장 선교사가 장탄식을 한다.

"목사님! 저 아무래도 더는 못할 것 같아요."

"장 선교사! 지금 우리만 힘든 것이 아냐? 그래도 장 선교사 정도 되니까 이만큼 할 수 있는 거야. 왜? 오늘 무슨 일 있었어?"

"너무 지쳤어요! 더 쏟아 낼 에너지가 없어요. 아무리 철이 없어도 너무 없어요. 이것은 깨진 독에 물 붓기여요. 그 정도 정성을 쏟았으면 좀 무슨 반응이라도 해야 하는데, 그렇지가 않아요. 그냥 힘들어서가 아니라 더 쏟아부을 에너지가 없어요!"

장 선교사는 사명감이 투철하고 영혼을 사랑하는 마음이 특심한 동역자다.

방학 중에 전국 간부 선교사 세미나를 했다. 몇몇 지구 대표가 세미나 시간에 나누었던 탄식이 생각난다.

"저희 일부 캠퍼스 학생들의 지적 수준이 갈수록 떨어지고 있습니다. 성경공부를 해도 내용을 이해하지 못하는 지체가 많습니다."

"저희 지구는 5개 중 2개 캠퍼스에서 선교단체 사역자 출입금지 처분이 내려져 선교단체 모두 캠퍼스에 들어가지 못합니다."

"저희 지구는 2학기 회장단을 세우는 데 애를 먹었습니다. 올해 회장단과 캠퍼스 대표단을 세우려고 헌신할 만한 학생들에게 권면했는데, 대부분 임원을 하지 않겠다고 합니다. 지금 2학기 임원을 세우지 못해 심각한 상황입니다. 예년에는 이런 일이 없었습니다."

역시 지방 캠퍼스 상황도 노란불이 들어오고 있음을 알 수 있다. 나는 가능한 '어렵다', '힘들다'라는 말을 하지 않으려고 노력한다. 한국 교회의 위기가 어제 오늘의 일이 아니기 때문이다. 지금 교회든, 직장이든 어렵고 힘들지 않는 곳이 없다. 비록 이런 상황일지라도 그런 부정적인 말들이 문제를 해결해 주지 않기 때문이다. 다만 걱정 되는 것은 '한국 교회의 미래'다.

사역 우수지구가 되었음에도 기쁘지 않은 이유

지난 3일간 대전에서 전국 선교사 총회가 열렸다. 새로운 임원을 뽑고, 정책을 조율하는 자리다. 아울러 지난해 감사 보고도 있었다. 그 결과, 놀랍게도 우리 수원지구가 '사역 최우수 지구'로 선정되었다. 마땅히 기뻐해야 하지만 기뻐할 수가 없다. 지난해 지구 사역이 현저히 후퇴했기 때문이다.

수원지구 사역을 돌아보면, 양육은 최고 70명_{2010년}에서 35명대로 절반 줄었고, 수련회 참석 수도 최고 51명에서 30명대로 줄었기 때문이다. 다만 '전도 수'만 채플 인원에 대비하여 약간 증가했을 뿐이다.

전국 각 지구 상황도 우리와 비슷하다. 이런 상황 속에서 '상대적 우수'가 무슨 의미가 있다는 말인가? 따라서 우리 지구가 '사역 최우수 지구'에 선정되었음에도 기쁘지 않다.

2015.01.10.

불편한 진실

지난해 유행어 중에 '불편한 진실'이란 말이 있다. 우리 한국 기독교에도 불편한 진실이 있다. 바로 성도는 줄고 있는데, 신학생은 늘고 있다는 것이다. 교회는 커지는데, 빚은 늘고 있다는 것이다. 선교사 수는 늘고 있는데, 후원금은 줄고 있다는 것이다.

캠퍼스 상황도 마찬가지다. 졸업생 가운데 신학대학원 지원자는 늘어나는데, 캠퍼스 사역자는 점점 줄어든다. 해외 선교사 지원자는 늘어나는데, 캠퍼스 사역을 지원하는 사람은 거의 없다.

캠퍼스의 중요성 중 하나는 캠퍼스가 '선교 자원 보고'라는 사실이다. 청년 대학생은 교회의 미래요, 민족의 희망이다. 하지만 캠퍼스

사역은 날로 위축되고 있다. 한 마디로 지금은 '캠퍼스 사역의 위기'
다. 열심히 하지 않아서가 아니다. 안티 기독교도 문제지만, 더 큰 문
제는 '암울한 시대의 출구'가 보이지 않기 때문이다. 학생들이 다른
곳에 마음을 쓸 여유가 없다.

학복협에 가입한 캠퍼스 선교단체는 12개다. 그중에 한 선교단체
가 이미 캠퍼스 사역을 접어야 할 상황이라고 들었다. 나와 친분이 있
는 한 선교단체 대표는 "캠퍼스 사역이 이대로 가면 머지않아 반 이
상이 소멸될 것이다."라고 우려했다. 1970~80년대 '한국 교회 부흥
의 진원지'였던 캠퍼스 사역도 이제 위기를 맞고 있는 것이다.

이번 총회 기간 중 '효과적인 사역 방안 나눔' 시간이 있었다. 여러
의견이 나왔지만, 나는 단언했다.

"오직 전도와 양육 외엔 대안이 없다!"

2016.12.15.

저, 금식사경회 등록 취소할 수 있을까요?

목사님 저 ○○이예요.

이제 시험 끝나서 문자 지금 봤어요! ㅜㅜ 안 그래도 상담하려고 했는
데 … 사실 제가 금식사경회는 작년에 출퇴근했고, 금식 자체가 부담
스럽고 기도도 잘 되지 않아서 이번에도 자신이 없어요. 용기 있게 가
등록은 했지만, 계속 고민하는 중이었는데 채플을 못 가서 말씀드리지

캠퍼스 행전

못하고 있었어요. ㅜㅜ 그래서 진짜- 죄송하지만, 저 지금 금식사경회 취소할 수 있을까요? 같은 조원들이랑 이미 단톡방도 만들어져서 미안하고 한다고 했다가 번복해서 죄송하지만, 금식사경회 참석을 취소하고 싶다는 생각이 들었어요. 카톡으로 말씀드려서 죄송합니다.

문자를 읽으며 충분히 이해가 갔다. 그렇지만 마음이 아프다. 금식사경회는 훈련이다. 말씀 훈련이고, 기도 훈련이고, 공동체 훈련이다. 그리고 금식 가운데 십자가의 예수님을 기억하며 인내하는 훈련이다.

이 지체는 곧 3학년인 리더다. 그래서 한계를 극복하지 못하는 지체가 더욱 안타깝다. 힘들고 부담된다고 훈련을 하지 않으면 도대체 언제 훈련을 한다는 말인가! 이 세상에 훈련 없이 사는 사람이 많기는 하지만 말이다.

오늘은 마음이 많이 무겁다. 종강 채플인데, 역대 가장 적은 인원이 예배했다. 아직 기말고사가 끝나지 않았기 때문이라고 하지만, 선배들은 그래도 이정도 상황은 넉넉히 극복해 왔다.

오늘 날씨가 올해 들어 가장 추웠다고 한다. 하지만 시험과 칼바람을 뚫고 채플에 참석한 지체들도 많다. 이제 금식사경회가 열흘 앞으로 다가왔다. 지체들이 해가 갈수록 '금식'을 부담스러워한다. 여러 가지로 고민이 깊어지는 밤이다.

주님은 제 삶의 1순위이십니다

금식사경회 후 홈페이지에 올라온 한 형제의 간증이 감동이다.

저는 모태신앙이지만, 저의 삶은 '못해(?)신앙'이었습니다. 부끄러운 이야기이지만, 청소년 때부터 술, 여자, 담배가 제 삶의 목적이었습니다. 교회는 단지 동네 친구나 만나러 가는 곳이었습니다. 그리고 항상 비관적이고 부정적인 생각을 가지고 살았고, 사람을 쉽게 미워하였습니다.

그렇게 무의미하게 살아가던 2011년, 25살인 저 같은 죄인에게 주님은 친히 찾아오셔서 저를 회개시키셨습니다. 그때 얼마나 많은 눈물로 지난날의 제 모습들을 회개했는지 모릅니다.

그리고 2013년을 맞이하게 되었습니다. 1월 첫 주 1주일간 새벽예배를 드리러 가면서 기도하는 가운데 하나님께서 이 말씀을 주셨습니다. "너의 우선순위를 확실하게 정해라!"

당연히 '아멘' 고백을 해야 하는데 정말 입술이 쉽게 떨어지지 않았습니다. 그때 제게 아직도 세상을 즐기고자 하는 마음이 있다는 것을 깨달았습니다. 결국 3일 후가 되어서야 항복하고 이 고백을 하게 됩니다. "하나님은 저의 우선순위이십니다. 제 삶의 1순위이십니다."

그 이후로 저의 삶은 통째로 바뀌었습니다. 그리고 여러 경험을 하게 됩니다. 그중 하나가 바로 DFC 가입이었습니다.

3월, 새 학기 시작과 동시에 제게 하나님께서 또 감동을 주시는데, "너, 기독교 동아리에 가입해라."였습니다. 사실 정말 너무 황당했습니다. 1학년, 2학년, 3학년도 아닌 4학년 1학기에 동아리 가입 자체도 너무 웃기는 것 같았습니다.

그런데 하나님은 정말 뜬금없이 제가 첫 주 수업을 가는 중에 DFC 포스터를 보게 하십니다. 처음에 DFC를 보면서 KFC 패스트푸드 광고지를 잘못 부착했는지 착각했습니다.

그때 저는 하나님께 "말도 안 됩니다!"라고 반항하면서 애써 2주 동안 버텼습니다. 결국 저는 또 항복하고 순종했습니다. 포스터에 적혀 있는 번호로 연락해서 화요일 저녁에 가입했습니다.

그러나 지금 이 글을 쓰면서 한 해를 돌아보니, 정말 하나님은 살아 계시다는 것을 다시 한번 느낍니다. DFC로 인도하신 하나님께서 리민수 목사님과 장경순 선교사님의 헌신, 캠퍼스의 죽어 가는 영혼들을 위해 자신의 삶을 드리는 아름다운 헌신을 보게 하셨습니다. 그리고 각 캠퍼스에서 하나님의 군사로 세워진, 다음 세대를 책임질 D맨들을 만나게 하셨습니다. 생명을 주는 사랑, 땅 밟기, 일일 찻집을 통하여 하나님의 제자훈련을 받게 해 주셨습니다.

이제야 알겠습니다. 순종하길 잘했습니다.

제7부 전과 확대

목사님, 저 포기 안 한다고 말씀해 주셔서 감사합니다

2017년 새해 아침이 밝았다. 지난해 후원과 기도로 동역해 주신 분들께 감사 메일을 보냈다. 오늘은 수원 DFC와 교회청년대학부 지체들 한 사람 한 사람에게 격려 문자를 보냈다. 하루 종일 답문을 받았다. 다음은 내가 감동한 일부 문자다.

"2017년에도 하나님의 기쁨이 되는 제자가 될 수 있도록 노력할게요! 목사님, 저 포기 안 한다고 말씀해 주셔서 감사합니다. ㅎㅎ"

"목사님, 먼저 새해 문안 올리지 못해 죄송합니다. 말씀 위에 굳게 설 수 있도록 항상 격려해 주시고 이끌어 주심에 너무 감사드립니다. 올 한 해 동안 목사님께 하나님의 평안이 있기를 항상 잊지 않고 기도하겠습니다. 앞으로 어떤 일이 일어날지 모르지만, 항상 가장 좋은 것을 주시는 하나님이시기에 믿고 온전히 의탁하려고 합니다. 목사님, 존경합니다. 그리고 감사합니다!"

"목사님! 항상 열정적인 말씀으로 제 모습을 새롭게 갱신해 주셔서 정말 감사합니다! 2017년에 목사님의 동역자로 열심히 사역하겠습니다! 새해 복 많이많이 받으세요! 항상 존경합니다. 사랑합니다!"

"목사님! 한 해 동안 신앙 안에서 성장하는 데 성경 조감이 큰 도움이 되었습니다. 올 한 해를 보내며 하나님께 감사드릴 것들 가운데 가장

캠퍼스 행전

큰 감사라고 생각합니다. 다가오는 새해에도 건강하시기 바랍니다. 목사님의 열정에서 언제나 많은 것을 배워 갑니다."

"목사님, 감사합니다! 2016년, 너무 부진한 모습만 보여 드린 거 같아 죄송합니다. 어제 기도하면서 정말 저의 모습을 돌아봤을 때, 너무 부끄러웠습니다. 2017년, 정말 잘하겠습니다. 노력이 아닌 의무라 생각하고 하겠습니다."

"목사님! 새해 복 많이많이 받으세요. ♡ 이번 금식사경회를 통해 하나님을 좀 더 많이 알게 되었고, 더 기도할 수 있게 해 주심에 너무나도 감사합니다. 절대 잊을 수 없었던 금식사경회였습니다. 항상 기도해 주시고 말씀 전해 주셔서 감사합니다. 올해도 건강하시고 복된 한 해 보내세요. 항상 기도할 게요. ♡

"새해 아침이 밝은지 시간이 조금 지나 답장을 드렸네요. 작년 365일 동안 흔들릴 때도 많았지만, 늘 그 자리에서 저를 위해 기도해 주시고 말씀 전해 주셔서 감사해요! 올해에는 더욱 건강에 신경 쓰셔서 말씀을 전하는 자리에서 힘듦이 없으시길 기도하겠습니다!"

새해 첫날! 나는 이렇게 한 해를 시작한다.

보라 내가 새 일을 행하리니 이제 나타낼 것이라(사 43:19).

목사님, 저 일어났습니다

지난주 한 가지원을 만나 면담했다. 형제는 가끔 채플에 나오지만 아침모임은 거의 나오지 않는다. 동아리방에서 불과 얼마 안 되는 기숙사 생활을 하고 있는데, 심각할 정도로 잠이 많다. 부모님은 외국에서 직장 생활을 하신다.

이제는 형제의 자기 관리를 도와야겠다는 생각을 했다. 어떻게 사생활까지 신경 쓰느냐고 할지 모르지만, 마땅히 신경 써야 한다. 사역자는 '양을 먹이는 일'과 '돌보는 일'을 모두 해야 하기 때문이다.

다행히 형제에게 '이렇게 살면 안 된다.'라는 심각한 상황 인식이 있었다. 형제 스스로 '영적 침체'라는 인식도 있었다. 자신의 문제를 "영적" 문제로 인식하는 것은 아무나 하는 것이 아니다.

나는 형제로부터 '희망'을 보았다. 우선 삶의 태도를 바꿔야겠다는 "결단"을 하고, 당장 내일부터 "실천"해야 한다고 했다. 구체적인 방법도 제시했다. 우선 앞으로 한 달만 기상과 동시에 내게 '일어났다.'라는 문자를 하라고 했다. 통제를 위해서가 아니라 형제를 돕기 위해서다. 내일 아침을 기대해 본다. 다음은 이번 주에 받은 문자다.

9월 14일 목요일 〔최○경〕〔오전 9:34〕 목사님 일어났습니다.

9월 15일 금요일 〔최○경〕〔오전 9:45〕 목사님 일어났습니다!

9월 18일 월요일 〔최○경〕〔오전 9:20〕 저 일어났습니다!

캠퍼스 행전

9월 19일 화요일 〔최○경〕〔오전 9:39〕 일어났습니다, 목사님!

9월 20일 수요일 〔최○경〕〔오전 8:21〕 일어났습니다!

9월 21일 목요일 〔최○경〕〔오전 7:09〕 저 일어났습니다!

〔오전 7:20〕 와 대단하네. 순종하는 ○○형제를 주님의 이름으로 격려
하고 축복합니다. 계속 이 도전의 끈을 놓지 마세요.

우리가 선을 행하되 낙심하지 말지니 포기하지 아니하면 때가 이르매 거두리
라(갈 6:9).

2017.09.28.

경기대학교 지체들을 격려함

〔경기대 장성호〕〔오전 9:45〕 어제까지 신명기를 다 읽었네요.

이제 오늘부터는 여호수아서 시작입니다!

〔경기대 장성호〕〔오후 11:24〕 여호수아 1-2장 통독했습니다!

〔경기대 탁예슬〕〔오후 12:12〕 여호수아 1-2장 통독했습니다.

〔경기대 김선아〕〔오후 12:25〕 여호수아 1-2장 통독했습니다.

오늘 경기대학교 단톡방에 올라온 글이다. 2학기 들어 스스로 성
경통독을 시작했다. 어제까지 창세기를 하루에 두 장씩 읽고, 단톡방
에 통독 보고가 올라오더니, 오늘부터는 신명기 통독을 마치고 여호

수아서 통독을 시작한다는 대표 가지장의 리딩글이 올라왔다.

경기대학교의 모습을 보면서 '성실성과 지속성'에 감동한다. 통독은 누구나 시작하지만 꾸준히 하기는 쉽지 않다. 더구나 이렇게 공동체 전체가 꾸준히 하기는 더 쉽지 않다. 누군가는 소위 삐딱선을 타는 경우를 종종 본다. 하지만 경기대학교 지체들은 모두 한 몸 같다.

이런 모습은 올 2학기 예슬 자매가 유학에서 돌아오면서부터다. 참으로 귀한 자매다. 날마다 신앙이 자라고 성숙하는 것 같아 무척 기쁘다.

여기에 더하여 우리 성호 대표 가지장의 탁월한 리더십이 있다. 이런 형제가 아쉽게도 내년에 졸업한다. 하지만 졸업 후에도 일정 시간 캠퍼스에 나와 협력사역을 하겠다고 한다. 참으로 감동이다.

그리고 또 한 사람 가지원 선아 자매가 있다. 자매는 입학하고 지금까지 아침모임에 거의 빠진 적이 없는 경기대학교의 전설이다. 아주 신기할 정도다. 자매가 지난주에는 2박 3일 동안 학과에서 사적지 답사를 다녀왔다. 학과 특성상 종종 전국의 사적지를 돌며 수업한다. 그런데 답사 기간 내내 성경통독과 경건의 시간 결과를 올렸다. 선아 자매는 '성실함'의 아이콘이다.

경기대학교 아침모임 참석률과 채플 참석률은 최고다. 아침 8시 20분에 교직원 식당에서 아침모임을 한다. 동아리방이 없는 서러움이다. 하지만 아침모임은 언제나 풍성하다.

요즘 경기대학교는 내게 큰 기쁨이고 행복이다. 그런 학교를 오늘 채플 시간에 공개적으로 격려했다. 아주 약간의 격려금도 주었다.

캠퍼스 행전

떠난 자와 남은 자

어떤 캠퍼스는 지난 3월에 편입생 3명과 신입생 3명이 가입해서 동아리방이 무척 풍성했다. 그중 동아리 포스터를 보고 왔다는 편입생 한 형제가 있었다. 매일 단톡방에 장문의 글을 올릴 정도로 열심이었다. 어떤 때는 출석 교회의 문제점을 신랄하게 비판하기도 했다. 그래서 당시 형제가 오히려 조금은 걱정이 되었다.

하지만 우려가 곧 현실이 되었다. 한동안 조용하더니 한 달 만에 단톡방을 훌쩍 나가고 말았다. 집이 너무 멀어서 우리 공동체를 탈퇴한다는 것이었다.

그리고 같은 캠퍼스에 아침모임을 꼬박꼬박 나오던 새내기 둘 _{형제 자매 각 한 명}이 있었다. 그중 자매는 늘 말씀을 사모했고, 의욕이 충만했다. 여름수련회도 참석하는 등 1학기 내내 꿈나무로 자랐다. 그런데 수련회 마지막 날, 대회장을 나오면서 그 자매가 말했다.

"목사님! 저 학교 자퇴하고 재수하려고 합니다. 아쉽지만 DFC 모임 못할 것 같습니다."

그날 그렇게 꿈나무 하나가 공동체를 떠났다.

그리고 채플에 가장 열심히 나온 형제가 있었다. 하지만 그 형제도 2학기가 시작되면서 좀 이상한 느낌이 들었다.

어느 날 형제가 내게 말했다.

"목사님! 교회 청년회에서 임원을 맡아 바빠질 것 같네요. 동아리 활동을 열심히 못할 것 같습니다."

학교 기숙사에 살던 한 형제가 있었다. 가장 가까운 거리에 있었지만, 아침 경건모임도 거의 나오지 않았다. 채플은 한 달에 한두 번 정도 참석했다. 그런데 지난주에 이런 문자 하나를 남기고 탈퇴했다.

"저 DFC 그만두겠습니다. 조금 더 학업에 열중하고 싶은데, 동아리 활동에 시간을 생각보다 많이 뺏기는 것 같아요. 죄송합니다."

어제 캠퍼스 모임에 학생 4명 요한. 나영. 희수. 규진 이 모였다. 지난 3월과 비교하여 떠난 자와 남은 자로 극명히 대비되는 장면이다. 이 이야기 모두 한 캠퍼스의 이야기다.

오늘은 마음이 많이 쓰리고 아프다. 사도 바울이 하나님의 부르심의 때를 앞두고 쓴 서신서 구절이 생각난다.

데마는 이 세상을 사랑하여 나를 버리고 데살로니가로 갔고 ‥ 누가만 나와 함께 있느니라(딤후 4:10–11).

2017.11.07.

점점 줄어드는 리더 모임

날씨가 갑자기 추워졌다. 오전 8시 30분! 경기대학교 아침모임에 참석했다. 오늘은 예슬 자매와 선아 자매가 참석했다. 성호 형제는 몸살로 참석하지 못했다.

솔직히 요즘 경기대학교 아침모임은 오기 싫다. 동아리방이 없어 교수 식당에서 매일 아침 경건모임을 하는데 의자가 모두 철제로 되어 있어 마치 얼음 위에 앉은 기분이다. 하지만 지체들은 매일 그 의자에 앉아 경건모임을 한다. 특별히 추위를 많이 타는 선아가 가장 힘들어 한다.

오늘은 에베소서 말씀을 나눴다. "구하는 것과 생각하는 것까지 능히 이루시는 하나님(엡 3:20)!"을 찬양한다.

오전 12시 10분! 한세대학교 캠퍼스 모임에 참석했다. 인환, 가임, 지현, 예림, 경훈 형제가 참석했다. 가지원을 위해 '우선순위'라는 제목으로 마태복음 6장 33-34절 말씀을 나눴다. 말씀을 통해 우선순위에는 시간_{時間}과 경중_{輕重}의 우선순위가 있음을 강조했다.

너희는 먼저 그의 나라와 그의 의를 구하라(마 6:33).

오후 4시 10분! 리더들의 저녁 식사를 준비하려고 지동시장에 갔다. 오늘의 메뉴는 지난번에 호평 받은 '뼈 해장국'이다. 지체들을 좀 더 넉넉히 먹이기 위해 뼈를 7kg이나 샀다.

하지만 정작 리더 교육에 참석한 지체는 단 3명! 올해 들어 가장 적은 인원이었다. 과제 폭탄에다 가정사에 불참 이유도 다양하다. 매우 실망스러웠다. 하지만 이것은 결코 지체들 책임이 아니다. 이 시대의 아픔이기도 하다.

오후 7시! 인환, 지혜, 지현 가지장 3명과 레위기를 조감했다. 3명과 30명에게 강의하는 데에 차이가 있다. 힘이 나는 강의와 힘이 빠지는 강의의 차이다. 감사했던 것은 3명 모두 말씀을 간절히 사모한다는 것이다. 이들은 이 시대 마지막 불꽃이다.

오후 9시 20분! 드디어 교육을 마치고 주방을 정리하고 퇴근했다. 분주했던 만큼 뿌듯함은 없었던 하루다.

가장 힘들었던 금식사경회

오늘 3박 4일간의 금식사경회를 마쳤다. 귀가해서 그냥 녹다운되어 한숨 잤다. 올 사경회는 가장 오랜 기간, 가장 많이 준비했다. 그리고 가장 힘든 사경회였다. 왜 가장 많이 준비한 사경회가 가장 힘들었을까?

첫째, 금식하면서 가장 오랜 시간 강의했다. 3일간 16시간을 서서 강의하다 보니 중간에 내가 쓰러질 지경이었다. 금식하면서 많은 시간 강의한 증상이기도 하지만, 무엇보다도 열강을 해야 하는 성격이 문제다. 하지만 어떻게 얻은 기회인데 열강하지 않을 수 있는가!

둘째, 학생들의 탈진 현상이다. 사경회 기간 중 무려 5명의 학생들이 토하는 증상을 보였다. 그것도 베테랑 가지장들이 그랬다. 그동안 사경회를 하면서 볼 수 없었던 이례적인 일이다.

셋째, 사경회에 참석하지 않은 지체들이 주는 스트레스가 컸다. 그중 한 캠퍼스 새내기들은 전멸했다. 사경회는 단순한 수련회가 아니다. 다음 해 사역을 준비하는 전투력 증강 측면이 크다. 참석자 19명 중 대부분이 3, 4학년이고, 2학년 1명, 1학년 3명이다. 1, 2학년은 2~3년 후의 예비 사역 역량을 가늠하는 것이다. 이러니 더 힘이 빠질 수밖에 없다.

하지만 이번 사경회의 보람도 컸다. 이번에는 성경의 기초가 되는 모세오경을 조감했다. 특히 3개월에 걸쳐 준비한 창세기 상세 조감을 통해 개개인의 신앙을 터치했다. 적어도 사경회는 성공적이었던 것으로 자평한다.

올해 신입생인 한 신학생이 한 말이 내게 큰 위로가 되었다.

"저는 그동안 권면으로 많은 수련회에 참석했지만, 여러 번 실망했습니다. 그래서 이번에 여기 올 때 사경회도 큰 기대를 하지 않았습니다. 그리고 이번 사경회를 보고 DFC를 계속할지 여부를 결정하려고 했습니다. 그런데 신학교에서 들을 수 없는 성경에 대한 새로운 관점을 얻게 되었습니다. 그래서 동아리 활동을 계속해서 하기로 했습니다."

이제 올 사경회는 하나님의 은혜로 잘 마쳤다. 그동안 사경회를 위해 물심양면으로 지원해 주신 분들게 깊이 감사한다.

이번 사경회 비용의 70%를 지원한 제자에게 꼭 고맙다는 말을 하고 싶다.

바쁘신 중에도 직접 오셔서 강의와 격려의 말씀을 해 주신 배재철 장로님께 감사한다.

사경회 마지막 날, 그 야심한 시각에 센터에 찾아와 격려해 준 홍춘기, 김진주, 박양근, 전배석, 임은선, 김서율선영, 홍성현, 최여울 맏가지와 가장 먼저 와서 마지막 설거지까지 마무리하고 간 성경 형제에게 감사의 마음을 전한다.

한 달에 쓸 수 있는 오프 8시간을 전부 회관과 제자들을 위해 사용하고, 사경회 마무리인 섭식까지 섬겨준 장경순 간사에게 깊이 감사한다.

무엇보다 그동안 금식하며 말씀을 공부한 지체들 모두를 격려하고 축복한다.

캠퍼스 행전

전투지원부대

사역 후원

형제들아 … 환난의 많은 시련 가운데서 그들의 넘치는 기쁨
과 극심한 가난이 그들의 풍성한 연보를 넘치도록 하게 하였
느니라 내가 증언하노니 그들이 힘대로 할 뿐 아니라 힘에
지나도록 자원하여(고후 8:1-3).

여기 8부에서는 몇몇 감동적인 이야기를 선별하여 실었다.
지면 관계상 더 많은 이야기를 싣지 못해 죄송할 뿐이다.

전투 지원 부대

전장에는 전투 부대와 전투 지원 부대 그리고 병참 부대가 있다. 전투 지원 부대로는 연대 단위로 1개 전투 지원 중대가 있는데, 이는 대대급 이하 보병 부대를 화력 지원하는 부대다. 전투 지원 중대는 4.2인치 박격포와 106미리 무반동총을 운용한다. 한마디로 보병 부대만으로 전투할 수 없다는 말이다. 그렇다고 전투 지원 부대만으로 전투할 수 있는 것도 아니다. 반드시 병참 부대의 지원을 받아야 한다. 병참 부대란 전투에 필요한 인원과 물자를 관리, 보급, 지원하는 부대다.

영적 전투에 임하는 캠퍼스 선교단체는 교회와 달리 보장된 이 병참 부대가 없다. 100% 자발적인 후원으로 사역이 이루어진다. 그래서 나는 선교 후원과 관련된 개인이나 교회를 통칭하여 '전투 지원 부대'로 부른다.

수원지구 사역에는 세 그룹이 병참 부대 역할을 한다. 수원지구 졸업생 중 자원하는 제자들과 일반 후원자 그리고 후원 교회다. 매월 캠퍼스 사역을 위해 후원금을 보내 주시는 분 모두에게 깊이 감사한다.

> 내가 증언하노니 그들이 힘대로 할 뿐 아니라 힘에 지나도록 자원하여 이 은혜와 성도 섬기는 일에 참여함에 대하여 우리에게 간절히 구하니 우리가 바라던 것뿐 아니라 그들이 먼저 자신을 주께 드리고 또 하나님의 뜻을 따라 우리에게 주었도다(고후 8:3-5).

배재철 장로님의 끝없는 감동 시리즈

오늘 개인 통장을 보고 깜짝 놀랐다. 전혀 생각지 않은 후원금이 입금되었기 때문이다.

'일금 300만 원, 입금자 배재철!'

배 장로님은 창립 이후 지금까지 20여 년을 한결같이 수원지구 재정을 뒷받침해 주시는 동역자이며, 개인적으로는 대학 선교 동아리 선배다.

배 장로님께 전화했다.

"장로님! 어떻게 이런 거금을 보내셨나요?"

"아! 그거. 집 애들 대학 등록금에 보태라고 조금 보냈어요."

우리 집 첫째 아이는 대학교 3학년, 둘째는 대학교 2학년, 셋째는 대학교 1학년, 넷째는 고등학교 2학년이다. 내 형편을 아시는 선배님의 따뜻한 후원이다. 그 따뜻한 사랑에 눈물이 나오려고 한다.

배재철 장로님에 대하여 간단하게 설명하기는 쉽지 않다. 장로님은 대학교 4년 선배이지만 캠퍼스 시절에는 별로 교제가 없었다.

지금부터 20년 전 군에서 전역하고 캠퍼스 사역을 시작했을 때, 선배님에게서 만나자는 연락이 왔다. 당시 아이들과 강남 만두집에서 만났던 것으로 기억한다. 그리고 그날 자원해서 수원지구 후원자가 되겠다고 하셨다. 당시 후원 교회와 후원자도 없었던 시기라 얼마나 큰 힘이 되었는지 모른다.

처음에 장로님은 매월 50만 원씩 후원하셨다. 3년 후에는 매월 70만 원씩을 보내셨다. 그 후 지금까지 매월 100만 원씩 후원금을 보내셨다. 센터가 재정으로 큰 어려움에 처했을 때는 한동안 매월 150만 원씩 보내셨다.

이 후원금은 모두, 센터 임대료(매월 130만 원)로 지불된다. 수원지구 회관은 사역의 베이스캠프와 같다. 결국 이렇게 수원역 앞에 센터를 유지할 수 있는 것은 배 장로님의 후원 덕분이다.

장로님은 지난 21년 동안 단 한 번도 후원금을 빠뜨리거나 달을 넘긴 적이 없다. 그러던 어느 날, 현재까지도 장로님이 월세를 살고 있다는 사실을 우연히 알게 되었다. 그리고 우리에게만이 아니라, 교회와 개인 후원을 하는 곳이 적어도 수십 개에 달한다는 사실도 알았다. 장로님은 매년 단기 선교를 떠나는 학생들을 후원했다. 또한 새 학기가 되면, 학생 10명 정도에게 장학금을 주셨다. 이렇게 과한 후원을 해 오신 분이 우리 집 아이들 학비까지 챙기신 것이다.

장로님께서 이런 헌신을 하는 이유가 있다. 장로님은 캠퍼스 시절, 예수님을 영접하고 선교단체에서 훈련받았다. 누구보다 대학생 선교의 중요성을 잘 아시는 것이다. 그리고 지금 가장 거룩한 '영적 투자'를 하고 있는 것이다.

일반적으로 성도들은 교회에 헌금한다. 하지만 장로님은 아무도 알아주지 않는 선교단체에 매월 수백 만 원씩 후원하고 있다. 결코 돈이 있다고 아무나 하는 일이 아니다. 배 장로님의 가정과 기업에 주님의 갚으심이 있기를 간절히 기도한다.

캠퍼스 행전

첫 월급을 모두 드린 제자

졸업하고 간호사로 일하고 있는 진주 자매가 오늘 낮에 찾아왔다. 캠퍼스 시절 충성스럽게 사역을 감당했던 자매다. 오랜만에 만나 직장 생활에 대한 이야기 등 여러 이야기를 나눴다. 그리고 봉투 두 개를 내 앞에 내 놓았다.

"간사님! 이것은 제 첫 월급이구요. 이것은 헌금입니다."

하나님 앞에 드리는 것에 내가 뭐라 할 말은 없지만, 자매 가정의 어려운 형편을 알기에 많이 망설였다.

몇 년 전 어느 날에 이 자매가 했던 말이 생각났다.

"간사님! 제가 취직하면 첫 월급은 캠퍼스 사역을 위해 회관에 드릴게요."

오늘 '그 지체'가 스스로 했던 '그 약속'을 지킨 것이다. 솔직히 나는 조금 부끄러웠다. 과거에 내가 직장 생활을 할 때는 이렇게 하지 못했기 때문이다. 자매는 결코 쉽지 않은 일을 한 것이다.

그 자매의 말에 나는 더욱 감동했다.

"간사님! 제가 은행에서 송금할까도 생각했는데, 그렇게 하고 싶지는 않았어요. 이렇게 직접 드리고 싶었습니다."

사랑하는 주님! 오늘 이런 지체가 있었답니다. 주님께서 이 지체의 중심을 보시고, 이 예물을 기뻐 받아 주시고, 하늘의 보고를 열어 갚아 주소서. 그리고 이 헌금을 주의 나라와 복음을 위해 귀하게 쓰도록 친히 집행해 주십시오. 주님께서 기쁘게 받으실 제물이 될 것입니다.

가슴 아픈 소식

부고 오규형 장로(호서대학교 교수)님 소천!
천안 하늘나라 장례식장-23일 발인!

순간 깜짝 놀랐다. 도저히 믿기지 않아서 바로 인터넷 검색을 했다. 불행하게도 학교 수업 중에 일어난 사고였다.

제목: 호서대학교 실험실 폭발 사고, 교수 1명 숨지고 1명 다쳐.
21일 오후, 충남 아산시 호서대학교 1층 실험실에서 가스 폭발 사고가 발생했다. 이 사고로 실험 중이던 이 대학 교수 오모(56) 씨가 그 자리에서 숨지고, 연구원 이모(36, 여) 씨가 중화상을 입고 인근 병원으로 옮겨졌다. 경찰은 목격자 등을 상대로 정확한 사고 경위를 조사 중이다.

나는 대학교 2학년 때 오 선배님을 만났다. 당시 나는 예수님을 영접하고 선교단체에서 훈련받을 때였는데, 오 선배님과 특별 모임을 만들어 매주 성경공부와 기도회를 했었다. 선배님은 온유하고 정말 성실한 성품을 갖고 계셨다.

그 후 선배님은 대학원에 진학하여 교수가 되셨고, 나는 군에 입대하여 15년을 보냈다.

그런데 십여 년 전 어느 날, 통장을 정리하다가 무명으로 입금된 돈을 보고 놀랐다. 도대체 누가 나에게 후원금을 보냈을까 참 궁금했다. 당시 개인적으로 나를 후원하는 사람은 몇 명 되지 않았다. 나는 은행에 입금자 확인을 요청했다. 바로 '오규형 선배'였다. 즉시, 선배님께 전화를 드렸다.

"아니, 선배님 어떻게 저에게 후원할 생각을 다 하셨어요?"

"아! 그거 … 임마누엘 모임에서 배 장로님이 민수 형제 사역 이야기를 하더라고. 그래서 후원을 좀 해야겠다는 생각을 했지."

"그런데 어떻게 제 통장번호를 아셨어요?"

"그건 DFC 본부에 전화해서 알았어. 얼마 안 되는데, 뭐!"

"아! 그렇군요. 감사합니다. 언제 한번 학교로 찾아뵙겠습니다."

그러나 나는 그 이후 선배님을 찾아뵙지 못했다. 오규형 교수님은 내게 친형님 같은 가슴 따뜻한 분이었다.

심한 충격에 잠을 이루지 못했다.

'왜 하나님은 이런 귀한 일꾼을 이렇게 일찍 데려 가셨을까?'

존경했고 사랑했던 오 선배님, 주님 품에서 편히 쉬소서!

■ 지금도 선배님의 부인이신 이은선 권사는이 계속 후원해 주고 계신다.

배재철 장학금

어제 배재철 장학금을 받은 한 자매가 내게 문자를 보냈다.

목사님! 제가 받을 자격 있나요? 아무튼 너무 감사해요. ㅜ.ㅜ 요새 아빠가 가게를 그만두셔서 용돈을 달라 하기도 뭐하고 좀 힘들었는데, 이 돈으로 수련회 등록하고 집에 오는 길에 작은 성경책도 샀어요. 성경책을 꼭 사고 싶었거든요. 남은 돈은 정말 소중하게 사용할게요.”

어제 목요 채플에는 우리 수원지구 든든한 후원자이며 동역자인 배재철 장로님께서 메시지도 하시고, 장학금을 전달하셨다. 전에는 경제적 어려움이 많은 지체들에게 장학금을 수여했다. 하지만 이번에는 사역 장학금으로 내용을 좀 바꿨다.

이번 ‘배재철 장학금’ 수혜자는 전도 최우수 캠퍼스 수원여자대학교, 전도 우수 캠퍼스 경기대학교, 전도 우수 경기대학교 장성호 형제, 전도 우수 수원여자대학교 이산설 자매, 아침모임 참석 우수 정진수, 장석진 형제다. 이 외에도 5명의 지체에게 장학금 전달이 있었다.

장로님은 귀한 동역자로 지금까지 후원금만 억대는 될 듯하다. 아직도 월세를 사시는 장로님이 매월 보내 주시는 후원금은 단순한 후원이 아니라 생명이다. 돈이 있다고 할 수 있는 일이 결코 아니다.

장로님의 ‘복음에 대한 열정’은 정말 남다르다. 이것은 그분의 ‘영혼 사랑'에서 출발한다.

배 장로님의 장학금은 그 자체도 귀한 본이지만 많은 지체가 그런 아름다운 삶을 살고 싶어 하게 만든다. 나는 확신한다. 나중에 누군가 그런 삶에 도전할 것이다.

배 장로님의 귀한 동역에 다시 한번 깊은 감사를 드린다.

2005.10.13.

T국에서 온 건축 헌금

하나님 우리 아버지와 주 예수 그리스도로부터 은혜와 평강이 너희에게 있을 지어다 내가 너희를 생각할 때마다 나의 하나님께 감사하며 간구할 때마다 너희 무리를 위하여 기쁨으로 항상 간구함은 너희가 첫날부터 이제까지 복음을 위한 일에 참여하고 있기 때문이라(빌 1:2-5).

이 말씀은 로마 옥중에서 빌립보교회에 보내는 서신의 문안 부분입니다. 이렇게 쓴 것은 빌립보가 바울의 첫 사역지기도 하지만, 빌립보교회에서 받은 특별한 사랑 때문이 아닌가 싶습니다. 바울이 빌립보교회에서만 선교비를 받은 점도 이런 끈끈한 정 때문이었습니다.

이산지, 김요단 두 분 선교사님!

서두에 빌립보서를 인용한 것은 사실 부끄러워서입니다. 선교사님께 있어서 우리는 마땅히 빌립보교회여야 하는데, 전혀 그렇지 못하니 말입니다. 선교사님 죄송합니다.

사랑하고 존경하는 선교사님!

어제 장 간사에게서 전화가 왔습니다. 이산지 선교사님 가정에서 건축 헌금으로 100만 원을 보내왔다는 내용이었습니다. 저는 이 말에 잔잔한 충격을 받았습니다. 한동안 말을 할 수가 없었습니다.

'도대체 이럴 수가 있다는 말인가! 고국에서 선교지로 보내야 마땅한 선교비가 어떻게 선교지로부터 다시 돌아온다는 말인가?'

잠시 후, 9년 전 일이 떠올랐습니다. 골든프라자 1001호를 매입할 때가 생각났습니다. 간사님이셨던 그때도 기꺼이 400만 원을 건축 헌금으로 내놓으셨지요. 그때를 어찌 잊을 수가 있습니까?

사랑하는 선교사님!

그 기도와 그 헌신이 자양분이 되어 오늘의 수원지구가 이렇게나마 서게 되었습니다. 바로 오늘! 선교사님의 기도와 사랑 속에서 드디어 수원지구 '간판'이 붙었습니다. 9층 빌딩, 7층 외벽에 붙어 있는 '수원 DFC 비전센터'! 이것은 하나님의 은혜요, 우리가 함께 나눌 기쁨입니다.

선교사님!

귀한 헌금, 비전센터 건립을 위해 귀하게 사용하겠습니다. 늘 승리하십시오.

캠퍼스 행전

창대교회 사랑의 김장 김치

어제 오후, 창대교회 남우원 목사님에게서 전화가 왔다.

"혹시 지금 센터에 계신가요? 저희 교회에서 김장 김치를 담았는데, DFC 센터로 가져다 드리려고요."

대략 30분쯤 지나서 부목사님 두 분이 김장 김치를 가지고 센터에 도착했다. 한 해 겨울을 먹고도 남을 만큼 엄청난 양에 놀랐다.

창대교회는 내가 전에 오랫동안 출석하던 교회다. 하지만 단순히 출석만 한 교회는 아니다. 내가 가장 애정과 사랑을 쏟았던 교회이기도 하다.

오늘은 창대교회 성도님들이 담근 '김장 김치'를 보내 주셨다. 그런데 올해만 보내 주신 것이 아니다. 벌써 몇 년째 계속되고 있는 일이다. 이제는 감사를 넘어 감동이다. 단순히 '김장 김치'를 받았기 때문만은 아니다. 창대교회 역시 지난 20년 동안 단 한 번도 후원금을 중단한 적이 없는 동역 교회다.

요즘 이런 교회가 과연 얼마나 될까? 결코 많지 않다. 마치 내게 부모님 품같이 따뜻한 교회 공동체가 바로 '창대교회'다. 교회 모든 성도님께 깊이 감사한다. 박현욱 담임 목사님과 선교위원장이신 김현철 장로님께도 깊이 감사한다. 특별히 이 추운 날씨에 직접 김장 김치를 담그신 성도님들께 감사한다.

아굴라와 브리스길라 같은 제자

지난 주 목요일, 졸업생 파송예배가 있었다. 파송예배는 석별의 정을 나눔과 동시에 축하의 자리다. 그래서 작지만 조촐한 잔치 분위기다. 그 중심에는 맏가지회졸업생의 축하도 한몫했다. 매년 맏가지 임원들이 와서 축하 선물도 전달하곤 했다.

하지만 올해는 그런 것이 없었다. 언제부터인가 졸업생들의 관심이 많이 줄었다. 거기에는 몇 가지 이유가 있다.

첫째, 임원들이 모두 많이 바쁘기 때문이다. 회장도, 총무도 직장 일로 너무 바쁘다.

둘째, 회비가 잘 모아지지 않기 때문이라 추측한다. 모임이 활성화되기 위해서는 회비가 원활히 걷혀야 하는데, 그것이 잘 안 되는 것 같다. 졸업하고도 제대로 자리를 잡지 못한 제자들 생각에 마음이 아프다.

그런 중에 졸업생 임원은 아니지만, 요즘 몇몇 제자가 나를 감동시키고 있다. 대표적으로 미국에 이민을 가 있는 변영완, 정인선 부부다. 이 가정은 매월 힘에 겨울 만큼 후원금을 보내 온다. 더구나 영완 형제는 거의 한 달에 한 번 꼴로 안부 전화를 한다.

어제 낮에도 영완 형제에게서 국제 전화가 왔다.

"목사님! 홈페이지를 보니, 며칠 후면 개강 수련회네요. 매번 장 선교사님이 혼자 식사를 준비해 주시는 모습이 안타까워서 그러는데요, 올해는 밥하시는 수고를 더시라고 후배들 식사비로 좀 보냅니다. 꼭 그렇게 해 주세요."

나는 형제의 호의를 완곡히 거절했다.

"영완 형제! 아직 빚도 많은 것으로 알고 있는데, 그 마음만 받겠네. 형제 가정에서 이미 넉넉한 선교비를 내고 있지 않은가?"

"아닙니다. 언제 빚 다 갚고 후원하나요, 목사님! 후원하는 것은 제게 큰 기쁨입니다. 하나님께서 늘 채워 주신다는 확신이 있어서 그러는 것이니 너무 염려하지 않으셔도 됩니다. 신입생 환영예배와 엠티 때도 제가 후원하겠습니다."

바울에게 아굴라와 브리스가라는 동역자가 있었다. 영완 형제와 인선 자매 부부는 내게 아굴라와 브리스길라 부부 같은 제자다.

"나라면 과연 저렇게 할 수 있을까?"

나는 그렇게 하지 못했다.

이런 귀한 동역자가 내게 있어 얼마나 응원이 되는지 모른다.

2004.08.22.

엠티 때마다 바비큐를 섬기는 가정

어제까지 2박 3일간 충남 부여 만수산에서 리더 엠티를 했다. 기간

제8부 전투지원부대

중 서해 춘장대 해수욕장으로 캠프를 다녀왔다.

리더 엠티에서 청년 22명의 숙식 문제를 해결해 준 것은 다름 아닌 복인한 안수집사님과 정묘섭 권사님 부부다. 두 분은 청양에서 농장을 하신다. 벌써 수년째 우리를 초청해 섬겨 주셨다.

이 두 분은 고등학교 시절 봉사 동아리 Hi-YMCA 멤버다. 당시 나와 복집사님은 예수님을 믿지 않았다. 하지만 그 후 모두 예수를 영접하고 한 사람은 캠퍼스 사역자가 되었고, 두 분은 든든한 후원자가 되었다.

우리는 지난 2박 3일간 아주 풍성한 바비큐 파티를 하며 충분한 휴식과 재충전을 했다. 하지만 해가 갈수록 미안한 마음이 앞서는 것이 사실이다.

우선 우리가 머무는 동안 많은 재정이 들어간다. 휴양림 산채 두 동을 빌려주고, 모든 먹거리를 제공해 주셨다. 게다가 우리를 섬기느라 농장 일이 지장을 받는 것 같다. 솔직히 누구를 섬긴다는 것이 그렇게 쉬운 일이 아니지 않는가! 그것이 부담 되어서 올해는 가지 않으려고 했다. 하지만 두 분이 극구 또 초청해서 다녀온 것이다.

지난 3월에도 제부도 신입생 엠티에 바비큐용 돈육을 보내 주셨다. 지금까지 우리에게 보내 준 고기를 합하면 넉넉히 돼지 한 마리는 될 것이다. 내가 두 분을 보면서 특별히 감사 한 것은 정말 기쁘게 부부가 한마음 한뜻으로 하고 있다는 것이다.

학생들이 다녀오면서 꼭 하는 말이 있다.

"저도 나중에 집사님 가정처럼 살래요!"

하지만 정말 그분들처럼 사는 것이 쉽지 않음을 곧 알게 될 것이

캠퍼스 행전

다. 나는 집사님 가정을 보면서 '아낌없이 주는 것이 무엇인가?'와 '진정한 섬김이 무엇인가?'를 가슴으로 느낀다.

이름 없이 빛도 없이

언제부터인가 내게 힘이 되는 귀한 집사님 가정이 있다. 바로 김화빈, 박은진 집사님 부부다. 두 분은 마음이 참 따뜻하신 분이다.

어제는 집사님이 사역자들을 초청하여 점심식사로 섬겨 주셨다. 집사님 가정은 이렇게 연중행사처럼 일 년에 몇 차례 캠퍼스 사역자들과 학생들을 위해 식사로 섬기신다.

집사님은 식사 중에 이런 말을 하셨다.

"장애인 시설과 노인 복지시설은 많은데, 아무리 찾아봐도 우리 동네에는 고아원이 없어요."

여전히 누군가를 돕고 싶어 하는 귀한 분들이다. 특히 두 분은 누구보다 주님과 교회에 충성을 다하는 분이다. 뿐만이 아니다. 집사님 가정은 매년 두 차례씩 수원지구에 특별헌금을 하신다. 언젠가는 부모님 장례를 치르시고, 부모님 통장에 있던 금액을 수원지구에 후원하셨다. 그렇다고 우리가 후원을 요청한 것도 아니다. 자발적으로 하시는 것이다. 교회를 초월하여 복음에 대한 열정이 참 크신 분들이다.

경주에서 배달된 사랑의 쿠키

이제 내일부터 열두 번째 선교 일일찻집이 시작된다. 오늘 채플을 마치고 분주하게 행사를 준비하는 지체들을 보면서 더욱 실감한다.

오늘 오후, 아주 묵직한 박스로 된 택배 하나가 배달되었다. 발신인은 경주 송혜숙 · 서경석 장로님! 바로 총가지장 서예지 자매의 부모님이다. 수신인은 수원 DFC 장경순! 이름은 있지만 회관으로 온 택배다.

조심스럽게 박스를 개봉했다. 그리고 깜짝 놀랐다. 다양한 모양의 쿠키가 가득했기 때문이다. 이것은 그냥 쿠키가 아니라 예지 자매 어머님이 직접 만드신 수제 쿠키로 정말 예술이다. 처음에는 양이 많아서 놀라고, 다음에는 모양이 예뻐서 놀라고, 나중에는 너무 맛있어서 놀랐다.

도대체 어머니께서 어떻게 이 많은 양을 혼자 만드셨는지 그리고 이렇게 예쁘게 만드실 수 있는지 예지 자매에게 나중에 궁금해서 물었다.

"원래 어머니께서 이 분야 자격증이 있으세요. 그리고 학교 방과 후 학교 강의도 나가세요."

그랬다. 이것은 아마추어 솜씨가 아니다. 예지 어머님께 깊은 감사의 마음을 전한다.

"예지 어머님, 감사합니다. 어머님 덕분에 올해 일일찻집이 더욱 풍성해졌습니다."

사랑의 삼계탕

며칠 전 조보경 전도사님에게서 전화가 왔다. 개인적으로 좋은 일이 생겨서 DFC 학생들에게 대접하고 싶은데 언제가 좋으냐고 물으셨다. 그리고 어제 삼계탕 30인 분을 직접 배달하셨다. 게다가 겉절이 한 통, 마늘종 무침, 오이 부추 무침 등 밑반찬도 함께 넉넉히 준비해 오셨다. 한 마디로 어제 우리 수원 DFC는 잔칫집이었다.

오늘 지체들에게 삼계탕을 만들어 보내 주신 전도사님께 감사 메일을 보냈다.

사랑하고 존경하는 전도사님!

어제는 전도사님 덕분에 우리 수원 DFC의 잔칫날이었습니다. 전도사님께서 보내 주신 삼계탕은 보약이었습니다. 지체들 모두 아주 맛있게, 아주 넉넉히 먹었습니다. 맛도 일품이었습니다. 삼계탕도 맛있었지만 겉절이와 밑반찬 또한 대단히 인기였습니다. 어쩌면 이렇게 맛깔스럽게 만드셨냐며 호평이었습니다. 지체들 모두 감탄했고 감동했습니다.

어제는 마침 종강채플이었는데 전도사님꺼서 보내 주신 삼계탕은 아주 절묘한 타이밍에 배달된 하나님의 선물이었습니다. 하지만 전도사님의 수고가 너무 컸다는 생각에 저는 마음이 편하지만은 않았습니다. 이 더운 날씨에 그 많은 양의 음식을 만드시려면 준비하는 과정부터 2박 3일은 족히 애쓰셨을 것 같더군요. 정말 전도사님의 사랑에 다시 한번 깊이 감사드립니다. 혹시 지난번처럼 몸살이 나는 것은 아니신지 염려됩니다.

사랑하는 전도사님! 정말 다시 한번 깊이 감사드립니다.

조 전도사님은 10여 년 전 같은 교회에서 섬겼던 분이다. 이제 연세가 60세 중반이나 되셨지만 지금도 교회 사역에 열정적이실 뿐 아니라 캠퍼스 사역에도 깊은 관심을 갖고 꾸준히 후원하시는 분이다. 지난 선교 일일찻집에서는 부침개와 떡볶이, 샌드위치 재료 등의 음식을 제공하셨다. 지난 3월에는 신입생 환영예배 식사를 해 오셨다. 지체들과 더불어 전도사님의 무한 사랑과 헌신에 존경을 표한다.

2015.05.03.

매번 회관에 와서 직접 선교비를 드리는 자매

채플을 마치고 귀가하려는데 헌금을 정리하던 재정담당 사역자가 나를 불렀다.

"목사님! OO가 상당히 많은 선교비를 냈네요!"

캠퍼스 행전

자매는 올해 졸업해서 한 달 전에 취업했다. 캠퍼스 시절과 졸업 후에도 2개월간 협동 사역을 했었다. 캠퍼스 시절에는 부총가지장으로 충성되게 섬겼다. 취업할 때까지 정말 한결같이 충성했던 자매다.

그런데 자매는 오늘 채플에 참석해서 내게 이렇게 말했다.

"목사님! 오늘은 첫 월급 받고 센터에 첫 선교비를 드리러 왔어요. 매월 한 번씩 올게요."

그런데 그 자매가 많은 헌금을 드리고 간 것이다. 보고에 의하면, 선교비 봉투가 두 개였다고 한다. 하나는 센터에 후원하는 것이고, 하나는 수원여자대학교를 지정해서 헌금한 것이다. 아무래도 첫 월급을 모두 드린 것 같다.

첫 월급을 모두 드린다는 것은 누구도 쉽지 않다. 10여 년 전 수원여자대학교 간호과를 졸업한 한 자매가 처음이었다. 나는 맏가지 시절 그렇게 하지 못했다.

자매의 여전한 캠퍼스와 후배 사랑의 크기에 감동할 뿐이다.

2017.03.21.

하나님의 격려와 응원

오후에 택배가 도착했다. 대전 근처에 있는 '우리집 공동체' 박성훈 목사(나혜자 사모)님이 보내신 것이다.

박 목사님은 ROTC 동기로 늦은 나이에 예수님을 영접하고 목사가 되었다. 내가 사역을 시작할 때 박 목사님 가정은 우리 사회의 소외된 영혼_{지체장애자들}을 품었던 분이다.

택배 안에는 김치와 멸치볶음, 장조림 등이 빼곡히 들어 있다. 이 모든 것은 나혜자 사모님의 손길이다. 감사 전화를 드렸다.

"웬 반찬을 이렇게 푸짐하게 보내셨어요? 잔치하고도 남겠네요!"

"우리 집 공동체의 모토가 '섬김과 나눔'입니다. 그러니 너무 부담 갖지 마시고 학생들 모일 때, 보낸 반찬으로 밥만 해서 식사하시라고 보내드렸습니다."

정말 폭풍 감동이다. 덕분에 오늘 저녁 가지장 모임은 넉넉하고 풍성했다.

오후에 우연히 개인 편지 상자를 정리하다가 '메모지 한 장'을 발견했다.

리민수 목사님! 장경순 선교사님!
저의 작은 선물이오니, 두 분 겨울 파카라도 사서 입으시기 바랍니다.
생각은 늘 하는데 두 분을 뵈니 마음이 기쁩니다!

창대교회 김○○ 집사

이것은 지난해 말, 졸업한 제자의 아들 돌잔치에서 집사님을 만났을 때 받은 것이다. 당시 이 메모지와 함께 두툼한 봉투 하나를 받았는데 너무도 뜻밖의 장소에서 뜻밖의 선물에 많이 놀랐다. 지금도 그날의 일이 생생히 생각난다. 당시 집사님은 우리를 보자 잠시 기다리

캠퍼스 행전

라고 한 후에 어디론가 가셨다. 나중에 알고 보니 현금 인출기를 찾았던 것이다.

그 집사님이 지금은 장로님이 되셨다. 장로님께서 우리 사역자들을 챙긴 것은 그날 만이 아니다. 종종 이름을 밝히지 말라고 당부하시면서 후원금을 보내 주셨다. 장로님께 감사한 마음을 이곳에 담는다.

사랑의 '쌀 한 가마'

지난 목요일 저녁 예배를 막 시작할 무렵, 부부로 보이는 두 분이 복도를 왔다 갔다 하는 것이다. 아무래도 7층에서 누구를 찾는 것 같았다.

"실례하지만 어디서 오셨나요?"

"여기가 DFC 맞나요?"

"예! 맞는데요. 무슨 일로 오셨나요?"

"저는 수원 DFC 동아리에서 활동하는 보라 아빠입니다."

"아! 그렇군요. 반갑습니다. 저는 DFC 리민수 목사입니다. 그런데 어쩐 일로 이렇게 두 분이 함께 오셨나요?'

"사실은 지난번에 우리 보라가 회관에 쌀이 없다고 해서 이렇게 쌀을 좀 가지고 왔습니다."

나는 농담이라도 회관에 쌀이 없다는 말을 한 적이 없다. 쌀을 가져오라고 한 적은 더더욱 없다. 알고 보니 다음 주에 가지장 리트릿이 있는데, 회관에 쌀이 없을 것 같아서 부모님께 한마디 했다고 한다. 그 말에 보라 자매 부모님께서 오늘 이렇게 직접 쌀을 가지고 달려오신 것이다. 회관에 쌀이 없는 것을 알기도 쉽지 않은데, 거기까지 생각한 보라 자매도 귀하고, 센터에 쌀을 보내야겠다고 마음먹은 부모도 그렇고, 모두가 감동이다 2017년 11월 2일 재기록함.

그러고 보니 지난해 추석, 이런 일도 있었다.

어느 날 보라가 사무실로 선물 꾸러미를 들고 들어왔다.

"보라! 웬일이야? 그건 무슨 선물?"

"아! 이거요. 엄마가 두 분 선교사님께 드리래요."

상자 안에는 인삼과 꿀로 만든 잼이 있었다.

하지만 이렇게 학생 부모가 사역자들을 챙기는 일은 아주 드문 경우다.

매년 이맘때가 되면 많이 쓸쓸하다. 동역했던 학생들이 가장 많이 떠나는 시기 졸업이기 때문이다. 이제 그동안 훈련시킨 제자들이 모두 졸업한다. 이 허전했던 마음에 보라 자매 부모님이 사랑의 온기를 가득 채워 주셨다.

잊을 수 없는 분들!

이 지면을 빌어 감사할 분이 너무 많다.

캠퍼스 행전

먼저 개척부터 지금까지 단 한 번도 빠지지 않고 한결 같은 마음으로 후원금을 보내 주신 창대교회 박현욱 목사님, 새누리교회 오세준 목사님 그리고 조보경 님, 복인한 님께 깊이 감사드린다. 특히, 지난 23년간 단 한 달도 미루지 않고 후원을 해 주셨을 뿐 아니라, 회관 운영에 어려움이 있을 때마다 큰 힘이 되어 주신 동역자 배재철 장로님께 깊이 감사한다.

아울러 기흥지구촌교회 안용호 목사님, 새생명교회 연제선 목사님, 우리집공동체 박성훈 목사님, 자유와회복교회 김병욱 목사님, 참행복한교회 남택용 목사님, 늘푸른교회 심순범 목사님, 동네교회 박철민 목사님 그리고 DFC와 전혀 관련이 없음에도 순수하게 캠퍼스 사역의 동역자가 되어 아낌없는 관심과 기도와 후원으로 섬겨 주신 김화빈·박은진 님, 김현철 님, 이홍배·김민선 님, 이시동 님, 박옥순 님, 공삼심 님, 김선태 님, 김주환 님, 조수정 님, 김미성 님, 장도영 님, 강은숙 님, 김학면 님, 나혜자 님, 정묘섭 님, 엄경례 님, 장명희 님, 이근수 님, 이진수 님, 이은선 님, 김종문 님, 유영미 님, 송현식 님, 정만이 님, 김태수 님. 이은숙 님, 한춘화 님, 이명자 님 그리고 임마누엘 선배들, 세컨스킨 사장님, 이 모든 한 분 한 분에게 가슴으로부터 우러나오는 감사의 마음을 이곳에 담아 전하고 싶다.

특히, 사랑하는 졸업생 제자들에게도 감사의 마음을 담아 꼭 전하고 싶다. 지금은 청년들의 광야가 무척 힘들고 고통스런 계절이다. 그럼에도 불구하고 졸업한 이후에도 자신의 살점을 떼어내듯 꾸준히 캠퍼스 사역을 위해 매월 후원금을 보내 주는 모든 제자들에게 고마운

제8부 전투지원부대

마음을 전한다. 아울러 회관이 가장 어려울 때 아낌없이 거금을 후원해 준, 이름을 밝힐 수 없는 여러 맏가지들을 잊지 않고 있다.

끝으로, 항상 형의 사역에 도움을 주고자 애쓰는 우리 귀한 막내 동생 이진수 · 장경희 집사 부부에게도 고마운 마음을 전한다. 가난한 사역자의 아내가 되어 지난 수십 년간 경제적 가장으로 가정 살림을 도맡아 온 아내 신지나와 주일, 혜진, 세영, 세창에게도 고맙다는 말을 하고 싶다.

캠퍼스 행전

제 9 부

동역자들

캠퍼스 사역자들

또 참으로 나와 멍에를 같이한 네게 구하노니 복음에 나와 함께 힘쓰던 저 여인들을 돕고 또한 글레멘드와 그 외에 나의 동역자들을 도우라 그 이름들이 생명책에 있느니라(빌 4:3).

통증(痛症)

이제 며칠 있으면 한 동역자가 결혼한다. 이 아름다운 가을, 축복된 결혼이라 내가 절로 가슴이 설렌다. 하지만 며칠 전 나눔을 하던 중에 가슴이 너무 아팠다.

"결혼 준비는 잘 되어 가느냐?"

지금쯤 결혼 준비로 바쁜 때다. 하지만 할 일이 별로 없어서 바쁠 것이 없다고 했다. 그러면서 이렇게 말했다.

"부모님께 죄송하기만 해요."

"그게 무슨 말이야?"

아마 결혼 문제로 집에서 언짢은 일이 있었던 것 같다. 아버지께서 이렇게 말씀하셨다고 한다.

"차라리 고등학교만 나왔으면, 시집보낼 걱정은 없을 텐데…."

이 말에는 이런 의미가 담겨 있다. 고등학교만 졸업시켰으면, 결혼시키는데 문제가 없을 텐데, 대학을 보내서 사역자가 되고, 사역자가 되었으니 모아 놓은 돈이 있을 리 없고, 결혼시키는 데 집에 부담이 된다는 얘기다.

하지만 어찌 이것이 그 자매 간사만의 이야기일까? 어찌 내가 가슴이 아프지 않을 수 있겠는가! 이런 일이 어찌 그 간사만의 고민일까! 말할 수 없는 통증을 느낀다.

놀라운 인연

"엄마가 간사님을 아신대요."

오늘 수원과학대학교 동아리방에서 새내기 은혜 자매가 한 말이다. 자초지종의 들어보니 소름 돋을 만큼 깜짝 놀랄 만한 이야기였다.

이야기는 지금부터 25년 전, 대학 3학년 겨울 방학 때로 거슬러 올라간다. 내가 선교 동아리 학생 리더로 섬기던 어느 여름방학, 시골 어느 마을로 우리 땅 살리기 농촌 봉사활동를 나갔었다. 대학 3학년 때니 예수를 믿은 지 2년 뒤의 일이다. 시골의 한 조그만 교회를 중심으로 마을 전도를 하며, 전도한 어린이들을 초청해서 성경공부도 하고, 미니 부흥회와 코이노니아 교제도 가졌었다. 당시 그곳에 있었던 '한 여학생'이 바로 지금 은혜 자매의 어머니였던 것이다.

은혜 자매가 동아리 이야기를 하면서 내 이름을 엄마에게 말했는데, 놀랍게도 내 이름을 어머니께서 기억하셨던 것이다. 엊그제 은혜 자매 어머니와 직접 통화하고 이 사실을 확인했다. 얼마나 반가웠는지 모른다. '세상에 이런 일이 다 있구나!' 싶었다.

■ 이 자매는 후에 캠퍼스 간사가 되어 나와 동역자가 되었다.

캠퍼스 사역자의 아내

간사님! 시시때때로 챙겨 주셔서 늘~ 늘~ 감사하고 있습니다. (중략) 간사님! 남 간사님과 제가 요즘 하는 말이 뭔지 아세요? 저도 남 간사님도 일평생 이렇게 좋은 집에 살기는 처음이에요. '간사를 하면서도 이렇게 좋은 집에 살 수 있구나.' ^^ 때를 따라 우리를 도우시는 하나님께 감사할 따름이죠. ^^ 너무 좋은 집에서 … 행복하답니다.

날씨가 따뜻해지면 하연이 데리고 캠퍼스에 가끔 갈 생각입니다. 간사님이 가끔 차로 하연이와 저를 데리고 가 주시면 더 감사하죠. ^^ 요즈음 남 간사 마음이 많이 타들어 가고 있습니다. 속상해 하는 모습을 볼 때 참 마음이 아픕니다. 많이 격려해 주시고 힘을 주세요!

감사합니다. 늘 도전받고 있습니다. ^^

남우원 간사의 아내이자 수원지구 1호 전임 간사였던 이안다 간사의 메일 중 일부다. 읽고 또 읽었다. 가슴이 메고 눈시울이 뜨거웠다.

먼저 외로울 수밖에 없는 간사라는 삶의 단면이 메일에 묻어난다. 두 분 간사님은 모두 대학을 졸업하고 곧바로 캠퍼스 사역에 헌신하고 있다. 다시 말해서, 일반 직장에 다녀 보지 않았다는 말이다. '오직 예수'와 '오직 복음'을 위해서 헌신한 분들이다.

새 전세방이 얼마나 감격스러웠으면, 마치 집을 산 사람보다 더 행복해 할까? 지난겨울 전에 살던 집은 추워서 갓난아이가 여러 번 병원에 가야 했던 것을 기억한다.

그리고 사역 자체의 어려움보다 사람 때문에 오는 고통이 얼마나 큰가가 묻어난다. 동역자라고 여겼던 지체들이 어느 날 손바닥 뒤집듯 떠나가는 것을 보면서, 밤잠 설치며 신음하는 캠퍼스 사역자의 심정을 누가 알겠는가!

캠퍼스 선교사 최금성 교수님

최금성 교수님은 내가 사역하는 수원과학대학교에 근무하시는 장로님이다. 내가 교수님을 알게 된 것도 벌써 10년이 다 되어 간다.

오늘 오후, 지도 교수이신 간호학과장 김인숙 교수님을 만나 티타임을 하는 중에 최 교수님에게서 전화가 왔다. 학교에 오면, 교수 연구실로 왔으면 좋겠다는 것이다. 곧바로 연구실로 올라갔다. 그곳에는 최 교수님과 10명 남짓한 학생이 있었다. 교수님은 나를 보자, 학생들을 내게 인계하고 수업에 들어가셨다. 이 학생들은 모두 기독교 신자이다. 교수님께서 수업을 마치시고, 성경공부를 하기 원하는 학생을 연구실로 모이게 하고, 나를 부르신 것이다. 어떻게든 학생들에게 성경공부를 시켜야겠다는 교수님의 의지가 엿보인다. 물론 그렇게 해서 성경을 공부하는 학생은 많이 없다. 하지만 하나님 앞에서 교수님의 마음이 중요하다.

교수님은 내년에 정년퇴임이시다. 수학과목을 담당하시지만 사역으로 보면 '캠퍼스 선교사'시다. 어떻게든 학생들에게 복음을 전하고자 애쓰실 뿐 아니라, 캠퍼스 선교에 온 정성과 열정을 쏟고 계시다. 결코 쉽지 않은 일이다.

엊그제 교수님 연구실에 들렀을 때, 이런 말씀을 하셨다.

"요즘 기독교수회 모임_{신우회}이 얼마나 재미있는지 몰라요. 오늘도 열여섯 분이나 참석했어요."

교수님의 좋아하시는 모습이 눈에 선하다. 교수님이야말로 진정한 캠퍼스 사역자다.

나는 오늘 사역적인 면에서 소득은 크게 없었다. 하지만 든든한 교수님이 계셔서 참 힘이 많이 되었다. 내후년에는 과연 누가 이 자리를 대신하실지 무척 궁금하다.

2007.04.02.

번 아웃(burn out)

지난주에는 숙영 간사, 윤정 간사, 은선 간사가, 오늘은 경순 간사가 번 아웃_{burn out} 되었습니다. 무척 안타깝습니다. '아마 우원 간사도 탈진 상태가 아닐까?' 그런 생각이 듭니다.

과도한 사역의 후유증입니다. 개강 일주일 전부터 지금까지 신입생 캠퍼스 설문 조사로 거의 모든 캠퍼스를 뛰어다니고, 개강 후에는

캠퍼스 행전

신입생들과 전화로 문자하느라 씨름하그, 신입생 환영회를 전후해서 한두 사람씩 떠나갑니다(?). 주말에는 ㅎ이 DFC 사역, 주일에는 하루 종일 교회 사역에 어찌 몸살이 나지 않겠습니까?

눈물이 납니다. 마음이 아픕니다. 식사도 제때 못하고 애쓰는 동역자들의 모습에 경의를 표합니다.

또한, 어찌 간사들뿐이겠습니까? 우리 귀한 가지장들의 시간과 물질적인 헌신은 더욱 감동입니다. 혹시 ㄱ지원이 떠날까 봐 마음 조리는 모습! 안타까워 차마 볼 수가 없습니다.

사랑하는 동역자 여러분!

지난 한 달도 정말 애썼습니다. 정말 수고 많았습니다. 여러분을 가슴으로 사랑하며 축복합니다.

2017.09.21.

임신부의 영혼 사랑

모두 다 느꼈겠지만, 오늘 날씨는 참 매서웠습니다. 아주대학교 여리고 기도회 때도 볼이 꽁꽁 어는 듯 추웠는데 말입니다. 오늘 경희대학교에서도 차 봉사 및 홍보 탁자를 운영했습니다. 찬희, 보섭, 요한 형제의 헌신적인 노력은 가히 눈물겨운 것이었습니다.

오늘 특별히 안타까웠던 것은 김진희 간사님의 충성된 모습입니다. 이제 임신 2개월! 보통 사람 같으면 지금쯤 몸조심할 때지요. 그

런데 캠퍼스 사역 현장에서, 그것도 칼바람을 하루 종일 맞으며 사역
에 진력하고 있습니다. 도대체 누가 우리 김 간사님을 이토록 지독한
사랑에 빠지게 했을까요? 우리 김진희 간사님 힘내세요 2004년 3월 4일.

목사님, 평안하시지요. ^^ 얼마 전 카톡에서 DFC 센터의 예쁜 간판을
보고 저도 감사했어요. 댓글은 못 남겨도 소식은 보고 있습니다. 그리
고 며칠 전에 수원지구 통장에 남편 이름(김병욱 목사)으로 OO만 원 입
금했습니다. 저희 선교비입니다. 수원지구 DFC 사역과 선교사님들 위
해 늘 기도하겠습니다! 오늘도 주님과 함께 기쁨과 평강의 날 되세요.
~♡

오늘 옛 동역자 김진희 간사님 사모의 응원 문자를 받았다. 간사님은
10여 년 전 캠퍼스에서 동고동락했던 동역자다. 현재는 목회자 사모
인데, 간사가 편해 여전히 그렇게 부른다.
수십 년간을 잊지 않고 응원해 주는 김 간사님께 감사한다.

2006.11.23.

정녕 나와 함께 눈물을 흘릴 동지는 누군가?

혁명을 함께한 사람을 '동지'라고 하고, 전쟁터에서 동고동락했던
사람을 '전우'라고 한다. 이 두 단어에는 공통점이 있다. 혁명이든 전

쟁터이든 생명을 건 싸움이 있는 곳이다. 그런 의미에서 '동지'와 '전우'는 결국 같은 뜻의 단어다.

그리고 여기 동일한 의미를 담고 있는 단어가 하나 더 있다. 바로 '동역자'다. 어제 나는 동지요 전우였던 동역자를 만났다. 지금부터 7년 전, 동역자가 단 한 사람도 없었던 캠퍼스에서 나에게 큰 힘이 되어 준 전우들이 있었다.

오늘은 그 옛날(?) 개척 동역자들이 생각난다. 수원의 척박한 캠퍼스를 개척하면서 홀로 눈물로 동역했던 민해영 간사! 개척 초기 동고동락하다가 이제 캠퍼스를 넘어 열방에 나가 온몸을 불사르고 있는 이종호 간사! 사역 노트에 학생 이름들을 빼곡히 적어 놓고 꼼꼼히 챙기던 골든프라자 706호 주인장 류희정 간사! 개척 초기 척박했던 수원여자대학교를 개척하면서, 어떻게 하든 한 영혼을 세우고자 연경 자매를 대전까지 데리고 갔던 열정의 전사 임효진 간사! 임신부의 몸으로 아주대학교와 경희대학교를 누비며 열정을 불태웠던 김진희 간사다.

이제 다시 시작이다. 결코 우리 안에 몇 명이 모여 감격하고 즐거워할 때는 아니다. 캠퍼스에서 점점 복음의 문이 닫히고 있다는 불길한 예감이 든다. 지난날의 동지가 소중했던 것처럼, 지금도 이 영적 전쟁에서 함께 싸울 전우가 필요하다.

이 시대에 나와 함께 나가 싸울 동지는 누군가? 이 시대 나와 함께 눈물을 흘릴 동지는 정녕 누군가?

신임 선교사 수료

지난 12월 23일, 본부에서 신임간사 수료식이 있었다. 수원지구에서도 두 명의 간사가 수료했다. 매년 간사를 배출한 지구가 있고, 그렇지 못한 지구가 있다. 수원지구는 지난 2005년, 장경순 간사를 배출한 이후 3년 동안 간사를 배출하지 못했다. 그런 가운데 두 명의 간사가 배출되어 감개가 무량하다.

다음은 수원지구 출신 전임간사 계보다.

1호 전임간사 이안다(현재 미국)

2호 전임간사 장경순 간사(현직)

3호 전임간사 이윤정 간사(신임)

4호 전임간사 김은혜 간사(신임)

5호 전임간사 황숙영 간사

6호 전임간사 김승수 간사

직장을 잘 다니고 있었던 윤정 간사를 불러들였다. 물론 하나님의 소명에 의한 것이라 믿는다. 은혜 간사는 음악과를 졸업하고, 직장에 취업해 잘 살 수도 있는데, 간사로의 부르심에 흔쾌히 응했다.

특별히 은혜 간사가 걱정이다. 적어도 캠퍼스 사역을 하면, 섬기는 교회의 도움이 약간 필요하다. 그러나 은혜 간사가 출석하는 교회는 재정적으로 매우 어렵다. 그래서인지 교회에서 크게 기뻐하지 않는 눈치다.

새로운 사역자가 배출된 기쁨도 잠시, 마음이 더 무겁다. 그럼에도 저들은 고난의 삶을 자청한 것이다. 윤정 간사와 은혜 간사의 전임간사 수료를 가슴으로 축복하며 축하한다.

윤정 간사! 수고했어요.

은혜 간사! 수고했어요.

2011.06.21.

그거 전처럼 병원 다니면서 하면 안 되겠니?

책임 사역자인 장경순 간사의 한 주간 사역을 추적하였다.

월요일 아침 8시30분, 수원여자대학교 아침모임

　　　저녁까지 풀타임 가지모임 – 캠퍼스 모임

화요일 아침 8시30분, 한신대학교 아침모임

　　　점심, 캠퍼스 모임, 가지모임

　　　저녁, 센터에서 가지장 교육 및 사역자 회의(밤 10시 종료)

수요일 아침 8시30분, 수원여자대학교 아침모임, 오전 가지모임

　　　오후 1시 50분, 내가 경기대학교로 이등시켜 줌

　　　오후 2시 30분, 경기대학교 가지원 2명 가지모임

오후 4시, 캠퍼스 모임

목요일 아침 8시 30분, 한신대학교 아침모임, 오전 가지모임

12시, 내 차로 용인 명지대학교 이동

오후 1시, 가지모임(격주)

저녁, 캠퍼스 연합채플 참석(밤 10시 종료)

금요일 아침 8시 30분, 수원여자대학교 아침모임(이후 패션아일랜드 이동)

오전 10시-12시, 패션아일랜드 전도 예배, 상담 사역.

오후 6시, 교회에서 학생 일대일 양육, 금요 심야 기도회 참석

(밤 11시 귀가).

토요일 오전, 가지모임 보충

주일 오전 예배 참석, 오후 청년부 사역 섬김

현재 장 선교사는 3개 캠퍼스 사역을 담당하고 있으며, 금요일 오전에는 직장인 선교 사역, 주일에는 교회 청년대학부 사역을 섬긴다.

장 선교사는 1학년 2학기에 처음 DFC에 가입한 이래 졸업할 때까지 목요채플에 한 번도 빠지지 않았던 성실한 학생이었다. 졸업하는 그해 말까지 총가지장을 했다. 간호사로 있으면서 근무가 없는 날에는 캠퍼스 사역에 동참했다. 물론 목요채플은 거의 빠지지 않았다. 그리고 지금까지 8년차 전임 사역자로 섬기고 있다.

주위에서는 왜 시집보내지 않고 사역만 시키느냐고 오히려 나를 핀잔한다(?). 나도 그 점에 있어서는 무척 안타깝고 미안한 마음이다.

엊그제 장 선교사 어머님께서 이런 말씀을 하셨다고 한다.

캠퍼스 행전

"애야! 그거 _{사역}, 전처럼 병원 다니면서 _{간호사} 하면 안 되겠니?"
내가 어떻게 장 선교사를 위로하고 격려해야 할지 모르겠다.

잘 하였도다 착하고 충성된 종아 네가 적은 일에 충성하였으매 내가 많은 것을 네게 맡기리니 네 주인의 즐거움에 참여할지어다(마 25:21).

2012.04.15.

동역자들을 축복함

캠퍼스 사역자들! 그들을 '간사'라고 부른다. 하지만 우리 공동체에서는 3년 전부터 '선교사'로 부르고 있다. '캠퍼스 선교사'라는 호칭은 별도의 설명이 필요 없지만, '간사'는 신분 설명을 장황하게 해 줘야 이해하기 때문이다. 아무튼 요즘 우리 수원지구 사역자들을 생각하면 가슴이 아프다.

특히, 4개 캠퍼스를 동분서주하고 있는 장경순 선교사! 장 선교사는 벌써 사역 11년차 베테랑이다. 캠퍼스 사역자로서 모든 것을 갖췄다. 전도 열정! 양육 스킬! 젊은이들의 정서를 읽어 내는 감각이 아주 탁월하다. 지난 3월, 경기대학교에서만 밥값으로 20만 원이 나갔다고 했다. 4개 캠퍼스를 대중교통으로 다녀야 한다. 장 선교사를 통해 맺어지고 있는 열매가 우연이 아니다.

다음은 황숙영 선교사! 이제 사역 3년차다. 수원과학대학교를 섬기고 있는 황 선교사도 마찬가지다. 황 선교사는 임신 중에도 지하 동아리방에서 하루 종일 학생들과 만나고 있다. 안타까운 것은 동역할 가지장이 많지 않다는 것이다. 겨우 햇가지장 한 명이 전부다. 역설적으로 사람이 많은 것이 적은 것보다 사역이 훨씬 어렵다. 요즘은 갑상선이 좋지 않아 병원에 다니고 있다. 사역 때문에 건강이 상하지 말아야 할 텐데 걱정이다.

다음은 김은혜 선교사! 올해로 캠퍼스 사역 5년차다. 다음 달에 결혼하는 김 선교사는 아주대학교와 군포에 있는 한세대학교 사역을 감당하고 있다. 다른 캠퍼스와 달리 김 선교사가 사역하는 캠퍼스는 동아리방이 없어 고생이 이만저만이 아니다. 그 광야 같은 캠퍼스를 지키는 은혜 간사를 생각하면 또한 마음이 아프다.

지난 주간에는 몸살감기로 고생을 많이 했다. 이들 선교사 역시 얼마 되지 않는 후원금을 밥값과 교통비로 쏟아붓고 있다. 나는 우리 수원지구 사역자들에 대해 이렇게 말한다.

"수원지구 사역자들은 1당 10의 최고 사역자들이다."

동역자 선교사님들! 여러분을 진심으로 사랑하고 축복합니다.

2012.07.14.

어느 간사 부친의 편지

오늘 오전에 본부에서 수습 선교사 훈련원 수료식이 있었다. 다음

캠퍼스 행전

은 수료식에 참석했던 ○○ 선교사 부친이 보내온 편지다.

안녕하세요? 김○○ 선교사 아빠, 엄마가 인사드립니다.

바쁘심에도 ○○ 선교사 수료식에 많은 분이 오셔서 축하해 주심에 진심으로 감사드립니다. 아울러 바쁘셔서 참석은 못하셨지만 축하해 주신 분께도 감사드립니다.

대표 간사님께서 여러분께 인사드리라 했을 때, 저도 함께 인사드렸어야 하는데, 지나고 나니 결례한 것 같아 늦게나마 인사드립니다. 양해 바랍니다.

우리 ○○ 선교사가 부족한 점이 있더라도 여러분이 옆에서 도와주고 이끌어 주신다면 잘해 나갈 거라 의심치 않습니다. 더더욱 여러분들을 보니 마음이 놓입니다.

○○가 선교사 일을 하고 싶다고 했을 때, 우리는 처음에 반대를 많이 했습니다. 그런데 설득하면 할수록 확고한 의지가 있다는 것을 알고, 뒤에서 후원해 주기로 마음을 바꾸었습니다. 다니지 않던 교회에 나가 기도로 하나님 곁에서 바른 일을 할 수 있도록 돕기로 하니 마음의 편안함을 느꼈습니다. 사실, 전에는 성경책을 ○○ 모르게 구석진 곳에 감추기도 했었거든요.

오늘 수료식에서 다 같이 기도할 때 우는 소리가 나기에 보았습니다. ○○가 울고 있지 뭡니까? 옆을 힐끗 보니 제 아내도 같이 울고 있더군요. 왜들 이러나 했지만 내 눈에서도 똑같은 눈물이 흐르고 있었습니다. 이제 맘이 편안합니다. ○○에게 모든 것을 일임하고 옆에서 지켜

보려고 합니다.

오늘 축하해 주려고 오신 대표 간사님을 비롯하여 여러분들을 보니, 저희는 마음의 흐뭇함을 꽃다발과 함께 한아름 집으로 안고 왔습니다. 그 흐뭇함과 꽃향기가 우리 집 안 가득히 향기를 내뿜고 있답니다. 아무튼 오늘 여러분과의 만남이 즐거웠고 행복했습니다. 대표 간사님을 비롯한 여러분들의 가정과 직장, 학교에 행복만 충만하기를 진심으로 기원합니다. 감사합니다.

김 선교사 엄마, 아빠 드림

선교사의 길은 분명 고난의 길이다! 하지만 그 길은 바로 영광의 길이기도 하다. 더 많은 제자들이 선교사의 길을 사모하고 도전했으면 좋겠다.

2012.09.19.

그 후원금으로 어떻게 살려고 하느냐?

어제는 ○○ 선교사 때문에 마음이 참 많이 아팠다. ○○ 선교사가 캠퍼스 사역자로 헌신하겠다고 했을 때 얼마나 기뻤는지 모른다. 불확실했던 '수원지구 후계 구도-지구 대표직'이 정리되었기 때문이다. 다시 말해, 내가 언제든지 캠퍼스 사역을 내려놓아도 아무 문제가 없다는 것이다. 하지만 요즘 ○○ 선교사가 좀 침울하다는 느낌이 들었

캠퍼스 행전

다. 그래서 그에게 무슨 일이 있느냐고 물었다.

"요즘은 매일 저 때문에 가정에 불화가 있습니다."

최근 부모님이 자신에게 이렇게 물었다고 한다.

"앞으로 그 후원금으로 어떻게 살려고 하느냐? 어떻게 결혼하고 가정을 이루고 살 수 있겠느냐? 네가 가는 그 길이 그 정도인 줄은 몰랐다. 이제 그만 접는 것이 좋겠다."

OO 선교사는 이런 가족들의 반대와 질책에 심한 갈등을 하고 있었던 것이다. 하지만 그의 중심은 흔들림이 없었다.

나는 숙고 끝에 '처음부터 다시 생각하라.'고 했다. 꼭 부모님의 반대가 있어서가 아니다. 그리고 캠퍼스 사역자의 길이 얼마나 험난한 길인지 다시 한번 상기시켰다.

'후원에 의한 삶'은 사역자들의 생존과 관련 있다. 형제 사역자의 경우, 가정을 이루고 처자식을 부양해야 할 의무가 있다. 게다가 양가 부모님에 대한 섬김의 의무가 있다. 그분들은 캠퍼스 사역자의 삶을 결코 이해할 수 없다. 얼마의 후원으로는 생존의 문제에 봉착할 수밖에 없다. 그래서 수많은 캠퍼스 사역자가 떠났고, 지금도 떠나고 있다. 그래서 나는 OO 선교사에게 '원점에서 다시 생각하라!'고 말할 수밖에 없었다. '사역을 계속해야 한다고 말하는 것'은 정말 '잔인한 짓'이라고 생각하기 때문이다.

지금도 OO 선교사를 생각하면 참으로 안타깝고 마음이 아프다.

장레미야!

방금 아주대학교에서 돌아와 장경순 선교사에게 문자를 보냈다.

"장 선교사! 오늘 일정이 어떻게 되나요?"

"…."

오늘 아침 보낸 문자에 답이 없다.

'혹시 어디가 아픈가?!'

별생각을 다 하고 있는데 답문이 왔다.

"저 지금 서울 미아사거리역에서 영주랑 성경공부 모임하고 있어요. ^^"

"아니, 캠퍼스에서 하면 되는데 왜 거기까지 갔지?"

"자매의 학교 시간이 맞지 않아서요. 금요일에는 수업이 없어 제가 여기까지 올라왔어요. 오늘 아니면 성경공부 할 시간이 없어요."

참 대단한 여종이다. 그동안 수없이 사역을 포기하겠다고 하고, 사표도 몇 번 썼다. 하지만 이렇게 사역이 주어지면 장 선교사는 무슨 일을 하든지 끝을 보는 사람이다. 그래서 내가 그에게 붙인 별명이 바로 '장레미야!'다. B.C. 600년경, 이스라엘의 영적 암흑기에 하나님의 말씀을 선포했던 남유다의 선지자 예레미야를 빗댄 애칭이다.

예레미야는 남유다의 눈물의 선지자다. 하지만 불행히도 남유다의 멸망을 선포해야만 하는 비운의 선지자이기도 했다. '민족의 멸망을 선포'해야만 했던 선지자! 그는 시드기야왕과 거짓 선지자들의 미움을 샀고, 수없이 매를 맞기도 했다. 수없이 감옥에 투옥되었고, 심지어 진흙 구덩이에 던져지기도 했다. 그도 사람이었다. 너무 외롭고 힘든 나머지 모든 것을 내려놓겠다고 했다. 하지만 얼마 후 그는 이렇게 고백한다.

> 내가 다시는 여호와를 선포하지 아니하며 그의 이름으로 말하지 아니하리라 하면 나의 마음이 불붙는 것 같아서 골수에 사무치니 답답하여 견딜 수 없나이다(렘 20:9).

장 선교사는 바로 예레미야와 가장 많이 닮았다.

2년 전 8월 어느 날, 그해는 장 선교사가 대학을 졸업하고 종합병원 간호사 근무로 3년, 캠퍼스 사역으로 10년차가 되던 해다. 장 선교사는 내게 '사직서'를 가지고 왔다. 모든 것이 소진되어 더 쏟아 부을 것이 남아 있지 않다는 것이다. 사역을 봐서는 도저히 받아들일 수 없고, 상황을 보면 사직서를 받아 주어야겠다는 생각을 할 수 밖에 없었다. 나는 한 달을 고민하고 있었다.

그러던 얼마 후 장 선교사의 글이 홈페이지에 올라왔다.

… 본회퍼 목사님의 설교문 중 "우리가 교회를 세워야 하는 것이 아니라 주님께서 친히 교회를 세우십니다."라는 말씀에 깊이 공감하였습니다. 이 말씀을 다시 한번 새기며 제자들을 바라보며 느낍니다. 악하고 믿음 없는 이 세대를 향해 내가 할 수 있는 이 일을 묵묵히 해 나가야

한다는 사실을 깨닫고 또 깨닫습니다….

나는 지금도 장 선교사를 생각하면 늘 가슴이 많이 아프다. 학생들을 챙기느라 동분서주하는 모습을 보면서 눈시울을 붉힐 때도 있다. 결코 남보다 못한 것이 없는 자매다. 아니 오히려 탁월한 은사가 많은 주의 종이다. 단 한 번도 사역에 소홀한 적이 없다. 보통은 관리자가 사역을 독려하는데, 장 선교사는 오히려 나를 자주 독려한다. 내겐 소원이 하나 있다. 장 선교사가 좋은 배우자를 만나 행복한 가정을 이루는 것이다.

이 글을 쓰고 있는데, 장 선교사에게서 문자가 왔다.

열심히 ㅠㅠ 뛰어서 서울역 기차 탔어요. 숨이 턱까지 찼는데 … 타서 … 헤 … 하고 있어요. 3분 남기고 겨우 탔어요. ㅋㅋ. 오후 1시부터 학교에서 지혜 가지모임이 있거든요. ㅎㅎ

사역 14년차에도 여전히 열정이 넘친다. 이래서 내가 장 선교사를 '장레미야'라고 부르는 것이다.

캠퍼스 행전

사역 일기

칼럼/개인 간증

내가 달려갈 길과 주 예수께 받은 사명 곧 하나님의 은혜의
복음을 증언하는 일을 마치려 함에는 나의 생명조차 조금도
귀한 것으로 여기지 아니하노라(행 20 24).

목사와 간사

평생 평신도 사역을 원했지만, 하나님은 나를 목사가 되게 하셨다. 얼마 전 목사 안수를 받았다. 그런데 요즈음 재미있는 현상이 하나 있다. 나에 대한 호칭 문제다. 어떤 분은 '목사'로, 어떤 분은 '간사'로 부른다. 목사 안수를 받은 후, 나는 교회와 모임에서 분명히 이렇게 말했다.

"나에 대한 호칭은 편하게 하십시오. 하지만 개인적으로는 '간사'로 불리고 싶습니다."

오늘 이 주제로 시작하는 것은 아직도 나에 대한 호칭을 어떻게 해야 할지 모르는 분들이 있기 때문이다.

이런 일이 있었다. 내가 중위 때, 모시던 대대장님이 얼마 전 사단장이 되셔서 취임식에 참석하였다. 그런데 얼떨결에 '사단장님'이 아닌 '대대장님'으로 불렀다. 물론 바로 정정해서 다시 불렀지만, 이렇듯 습관화된 호칭을 바꾸기는 쉽지 않다. 하지만 사단장을 대대장으로 부르는 경우와 목사로서 간사된 자를 부르는 호칭은 다르다. 사단장을 대대장으로 불러서는 안 되지만, 목사를 간사로 부르는 것은 당연하고 자연스러운 것이다. 나를 간사로 부르는 것을 부담스러워하는 분들은 주로 교회에 계신 분들이다.

간사幹事!

이 호칭은 사실 '족보'가 없다. 말 그대로 어떤 조직에서 책임을 맡고 있는 스태프를 말한다. 이렇게 족보가 없는 호칭은 오늘날 교회에 적지 않다. '권사'와 '권찰'이 대표적인 예다. 교회 호칭의 대표 격은 '장로'와 '집사'다. 장로는 강도장로 목사 와 치리장로로 나뉜다. 집사는 안수집사를 말한다.

교회 정치의 형태에는 세 종류가 있다.

첫째, 감독 정치다. 감독제 교회에는 로마 가톨릭, 성공회, 감리교다.
둘째, 장로 정치다. 장로제 교회에는 전형적인 장로교, 성결교가 있다.
셋째, 회중 정치다. 회중주의 교회에는 장로교 일부 교파와 침례교 등이 있다.

그렇기 때문에 교회마다 다양한 호칭은 얼마든지 있을 수 있다. 중요한 것은 '호칭'이 아닌 '사명'이다. 아무튼 나는 '목사'도 좋고, '간사'도 좋지만, '간사'로 불리고 싶다.

그가 어떤 사람은 사도로, 어떤 사람은 선지자로, 어떤 사람은 복음 전하는 자로, 어떤 사람은 목사와 교사로 삼으셨으니 이는 성도를 온전하게 하여 봉사의 일을 하게 하며 그리스도의 몸을 세우려 하심이라(엡 4:11-12).

참 목자! 거짓 목자! 삯꾼 목자!

오늘은 에스겔서 13장을 묵상했다.

하나님은 에스겔에게 "너는 이스라엘의 예언하는 선지자들에게 경고하여 예언하되 자기 마음대로 예언하는 자에게(2절)" 하라고 하셨다. 그들은 "주 여호와의 말씀에 본 것이 없이 자기 심령을 따라 예언하는(3절)" 사람들이었다. 그들은 "황무지에 있는 여우(4절)" 같은 자들이었다. 그들은 "성 무너진 곳에 올라가지도 아니하였으며 이스라엘 족속을 위하여 여호와의 날에 전쟁에서 견디게 하려고 성벽을 수축하지도 아니"했다(5절). 한마디로 "그들은 여호와가 보낸 자가 아니었다(6절)".

하나님은 그런 거짓 선지자들을 향해 이렇게 경고하셨다. "내가 너희를 치리라(8절)." 에스겔 선지자를 통해 그들에게도 경고하셨다. 그들은 "사람의 영혼을 사냥(18절)"하는 자들이었다.

이런 자들은 초대교회에도, 현재도 있다. 사도 바울이 고린도교회에 보내는 편지에는 이런 내용이 있다.

그런 사람들은 거짓 사도요 속이는 일꾼이니 자기를 그리스도의 사도로 가장하는 자들이니라 이것은 이상한 일이 아니니라 사탄도 자기를 광명의 천사로 가장하나니 그러므로 사탄의 일꾼들도 자기를 의의 일꾼으로 가장하는 것이 또한 대단한 일이 아니니라 그들의 마지막은 그 행위대로 되리라(고후 11:13-15).

캠퍼스 행전

바울은 그들이 "광명의 천사"로 가장한다고 했다. 하지만 이 시대에 거짓 목자와 참 목자만 있는 것은 아니다. 삯꾼 목자도 있다.

예수님께서 말씀하셨다.

나는 선한 목자라 선한 목자는 양들을 위하여 목숨을 버리거니와 삯꾼은 목자가 아니요 양도 제 양이 아니라 이리가 오는 것을 보면 양을 버리고 달아나나니 이리가 양을 물어 가고 또 헤치느니라(요 10:11-12).

나는 적어도 거짓 목자는 아니다. 그렇다면 참 목자라고 자신 있게 말할 수 있는가? 가끔 내가 '삯꾼 목자'는 아닌지 돌아본다. 나에게 언제나 도전이 되는 말씀이 있다.

너희 중에 있는 하나님의 양 무리를 치되 억지로 하지 말고 하나님의 뜻을 따라 자원함으로 하며 더러운 이득을 위하여 하지 말고 기꺼이 하며 맡은 자들에게 주장하는 자세를 하지 말고 양 무리의 본이 되라(벧전 5:2-3).

2008.01.03.

그래도 개는 짖어야 한다

어느 날, 닭과 개가 서로 신세를 한탄하고 있었다. 그러다가 상대방의 행실에 대하여 평가하게 되었다. 먼저 개가 닭에게 말했다.

“야! 너는 요즘 왜 새벽에 사람들을 깨우지 않니? 너, 직무유기야.”

“직무유기라니 무슨 소리야? 생각해 봐! 사람들은 모두 알람, 핸드폰, 전화 서비스를 통해 각자 알아서 일어나잖아. 내가 아무리 목이 터져라 울어 봐야 아무도 꿈쩍하지 않아!”

“하긴, 그건 네 말이 맞구나!”

이번에는 닭이 개에게 말했다.

“야! 그런데 너야말로 왜 요즘 도둑이 들어오는 데도 짖지 않는 거여? 너야말로 직무유기 아니야?”

“맞아. 내가 할 일은 무섭게 짖어서 도둑 놈이 얼씬도 못하게 하는 것이지. 하지만 내게는 말 못할 고민이 있어.”

“그래, 무슨 고민인데?”

“우리 집 주인이 바로 도둑이거든. 그런데 내가 어떻게 짖겠냐고?”

“…”

닭은 한참 후 이렇게 말했다.

“그래도 개는 짖어야 한다!”

오늘 지난해 수원지구 사역 평가를 했다. 사역 분석 결과에 따르면, 전도는 전년 대비 30%정도 감소했고, 가지장은 약 20%정도 증가했다. 가지장이 증가한 것은 올해 사역에 큰 힘이 되지만, 전도가 현저히 준 것 때문에 아무래도 마음이 편하지 못하다.

캠퍼스 행전

전도가 현저히 줄어든 이유는 두 가지다. 하나는 학생들의 전도에 대한 '두려움'이다. 갈수록 이 두려움이 심해지는 것 같다. 또 하나는 지난해 일어난 아프가니스탄 피랍 사태의 영향이다. 그 사건 이후 교회에 대한 국민들의 이미지가 아주 나빠졌다. 큰 죄를 지은 것도 아닌데 말이다. 아무튼 그 후 학생들의 마음도 많이 닫힌 것 같다.

당연히 복음을 전해도 듣지 않거나, 심지어 강한 거부감을 나타낸다. 하지만 이것이 전도를 '포기'할 이유는 되지 못한다. 앞의 예화에서 닭이 한 말을 기억해야 한다.

"그래도 개는 짖어야 한다!"

2004.12.26.

세이레 특별 금식

2004년 12월 26일 오후 7시부터 2005년 1월 16일 오후 7시까지 '21일간' 금식을 작정했다. 특별 금식의 목적은 세 가지다.

첫째, 한 이레는 '재 헌신을 결단하기 위한' 기간이다. 하나님께서 나를 캠퍼스로 부르신지 벌써 10년! 이미 첫 소명의 뜨거움과 열정이 많이 식었다. 기계로 말하면 많이 낡고 퇴색했다. 이번 금식은 첫 소명의 뜨거웠던 열정을 다시 회복하는 계기로 삼고 싶다.

둘째, 한 이레는 '부친을 위한' 기간이다. 내가 아버지의 구원을 위한 기도를 시작한지 벌써 25년! 아직도 예수를 영접하지 않으신 아버지를 생각하면 마음이 아프다. 민족과 골육지친의 구원을 위해서라면 나 자신이 저주를 받아도 좋다고 했던 바울의 심장으로 말이다. 아버지는 나의 생명의 탯줄이요, 나의 전부이기 때문이다.

셋째, 한 이레는 '사역 준비를 위한' 기간이다. 우리 민족 캠퍼스는 아직 '희망'이다. 캠퍼스에 복음의 불이 꺼진다는 것은 '절망'이다. 누군가 그 희망의 불씨를 지켜야 한다. 그것이 '나와 우리'가 아닌가! 점점 무너지는 캠퍼스! 점점 닫히는 복음의 문! 누군가가 막아서야 하지 않겠는가?

그러면 왜 세이레 21일 인가? 특별한 의미가 있는 것은 아니다.

사랑하는 동역자 여러분!

여러분의 중보를 요청합니다. 단순히 건강하게 금식을 마치는 것이 무슨 의미가 있겠습니까? '사탄의 견고한 진을 무너뜨려야' 합니다. '영적 홍해'는 갈라질 것이며, '여리고'는 무너질 것을 믿습니다. 할렐루야!

2007.01.01.

노숙 체험

2006년 12월 31일! 나만의 특별 이벤트를 가졌다. 사실은 이벤트

이상의 의미가 있다.

밤 10시 30분! '송구 예배'를 드렸고, 2007년 첫 시간에는 '영신 예배'를 드렸다. 예배를 마친 시간이 새벽 1시 28분! 수원역으로 향했다. 서울역 노숙 체험을 예정했기 때문에 서울행 열차를 타기 위해서였다.

새벽 1시 46분! 간발의 차이로 열차를 놓쳤다. 다음 열차를 기다리는 시간에 수원역 주위를 둘러보았다. 그리고 매우 놀랐다. 대합실뿐 아니라 심지어 화장실 입구까지 노숙자들이 '안타까운 모습'으로 취침하고 있었다. 노숙하시는 분들이 그렇게 많은 줄은 상상하지도 못했다. 어떤 분은 그래도 이불이 있었지만, 대부분 점퍼를 입은 채 종이 상자를 깔고 새우잠을 자고 있었다. 초등학생쯤인 아이가 아빠 곁에 누워 있는 모습을 본 순간 내 마음이 너무 아팠다. 수원역에 대략 노숙자가 50명 정도 계신 것 같았다. 새벽 2시 19분, 서울행 열차에 올랐다.

내가 노숙 체험을 하고자 했던 것은 우리 시대 가장 그늘진 곳에서 고통 받는 이웃들의 처지를 이해하고, 나 자신의 마음가짐을 새롭게 하기 위해서다.

새벽 2시 52분, 서울역에 도착했다. 내리자마자 서울역을 둘러 봤다. 서울역에서 노숙하시는 분들은 대략 130여 명! 역 지하도에도 약 10여 명 정도가 있었는데, 상황은 더욱 처참했다. 그중에 계단 맨땅에서 자고 있는 한 청년의 모습이 눈에 들어왔다. 지갑에서 3천 원을 꺼내 그의 손에 쥐어 주었다.

얼마 더 가서, 그냥 지날 수 없을 정도로 초췌한 분을 만났다. 마찬가지로 밥 한 끼 값을 손에 쥐어 주었다. 하지만 그는 돈을 거절하며 즉각 반발했다. '내 생각이 너무 짧았다!'라는 생각이 번뜩 머리를 스치고 지나갔다.

나도 서울역 지하도에서 종이 박스를 주워 깔고 잠을 청했다. 이곳에서 노숙하고 이른 새벽 청와대 정문 기도와 남산 기도 그리고 이어서 양화진 순례를 계획하고 있다. 이것이 올해 나의 시무식이다.

■ 준비물: 노숙하기 편한 복장. 두꺼운 옷, 내복 2벌, 양말 2켤레, 군화, 장갑, 목도리, 마스크, 현금 4만 원, 수첩, 볼펜 ….

2014.04.24.

'골방 기도'와 '현장 기도'

어제 아침 한세대학교 아침모임을 마치고 잠시 나눔 시간을 가졌다. 그때 인환 형제가 말했다.

"목사님! 저희 교회에서는 이번에 11명이 세월호에 탔는데 단 한 명 살았어요. 한 명은 시신으로 돌아왔고, 나머지 아홉 명은 아직도 실종된 상태입니다."

갑자기 가슴이 먹먹해지는 느낌이었다. 학교를 나오면서 그 동안 머뭇거리던 일을 결행하기로 마음먹었다.

사실, 지난 주 팽목항 자원봉사를 가려고 인터넷 검색을 하고, 전

캠퍼스 행전

라남도 적십자사에 문의도 해 보고, 진도군청에 전화도 했지만, 담당자와 연결이 되지 않아 할 수 없어 포기하고 있었다. 하지만 어제 무조건 출발하기로 마음먹고 침낭 하나를 들고 진도로 출발했다.

서해안고속도로의 종착점 목포에서도 꽤 먼 거리였다. 팽목항은 그보다 훨씬 더 멀었다. 무려 5시간 반이 걸려 팽목항에 도착한 것은 해가 질 무렵이었다. 팽목항에서 사고 지점은 보이지 않았다. 항구 분위기는 말 그대로 침통했다. 주차장은 구급차와 취재 차량들로 차산차해車山車海를 이루었다.

우선 자원봉사자 접수처를 찾았다. 하지만 안타깝게도 거절되었다. 자원봉사 인력이 더는 필요하지 않다는 것이다. 나는 진도체육관으로 가면 혹시 일손이 필요할지 모르겠다고 생각하고 체육관으로 향했다.

오후 8시쯤, 진도체육관에 도착했다. 먼저 자원봉사 접수를 했다. 잠시 후 할 일을 분담받았다. 나에게 쓰레기 분리수거 팀장을 맡으라고 한다.

우리 팀은 체육관 안팎에 있는 쓰레기를 모두 모았다. 그리고 페트병과 유리병, 깡통과 소각용 쓰레기로 분류했다. 소각용 쓰레기에는 음식물 쓰레기와 각종 과일 쓰레기들이 뒤섞여 역겨운 냄새가 났다. 목장갑은 이미 음식물 쓰레기 국물로 흥건해졌다. 밤 10시 반이 되어서야 1차 정리가 끝났다.

오전 7시에 분리수거 차량이 온다고 했다. 분리수거 자원봉사자들에게 새벽 5시까지 모일 것을 당부하고 체육관에 들어왔다. 오랜 시간 운전했고, 작업도 해서 몸이 많이 피곤했다. 유족들이 누워 있는 체육관 바닥에 그대로 누웠다. 하지만 체육관 안 분위기에 압도되어 잠을 잘 수 없었다.

겨우 눈을 붙이는가 싶었는데 새벽 4시 40분에 알람이 울렸다. 부랴부랴 일어나 쓰레기 수거 및 분리수거에 나섰다. 그 사이 엄청난 쓰레기가 배출되었다.

어느 덧 동녘 하늘이 하얗게 열리기 시작했다. 아침 쓰레기 분리수거를 마치자 식사 시간이 되었다. 처음에는 아침을 굶을 각오를 했다. 자원봉사에 와서 식사를 챙겨 먹는 것이 사치라고 여겨졌다. 하지만 매끼 식사를 제공하는 자원봉사단체가 여러 곳 있었다. 메뉴가 다양해서 아침식사를 무엇으로 할까 고민할 정도였다. 황태 해장국으로 식사를 했다.

식사뿐만이 아니다. 후원단체들이 보내온 각종 생필품 또한 산을 이루고 있었다. 이번 사고로 국격은 많이 떨어졌지만 그래도 우리 민족의 저력은 참으로 대단하다고 생각했다. 지금도 수없이 많은 사람이 자원봉사로 지원하고 싶어 한다. 하지만 현지에서는 자원봉사자들이 넘쳐나고 있다.

아침식사를 마치고 나니 또 쓰레기가 쌓였다. 땡볕 아래 쓰레기 분리수거를 마치고 주간 조에게 인계했다. 오늘은 목요 채플이 있는 날이다. 이미 많이 지친 몸을 이끌고 다시 수원을 향해 차를 몰았다.

지난 2003년 태풍 매미가 남해안에 큰 피해를 주었을 때, 아들과 함께 자원봉사를 다녀왔다. 2007년 태안 앞바다 기름 유출 사고 때는

캠퍼스 행전

사역자들과 학생들을 태우고 가서 돌 하나하나에 묻은 기름띠를 깨끗이 닦아 냈다.

누가 내게 물을 것이다. 그렇게 자원봉사를 하는 이유가 뭐냐고 말이다. 내 대답은 이것이다.

"나는 제자들에게 행동하는 주님의 제자가 되라고 가르치는 교사다. 골방 기도도 중요하지만 현장 기도드 중요하다. 설교만큼 중요한 것은 행동하는 신앙이기 때문이다."

나와 함께 쓰레기 분리수거를 했던 몇몇 대학생이 지금도 뇌리에 생생하다. 대부분 그리스도인이었던 것으로 기억한다. 참 아름다운 청년들이다.

2017.07.23.

자원봉사를 하는 이유

수해복구 자원봉사 활동에 지원해 주셔서 감사합니다.
내일 봉사 활동 내용을 안내합니다.
일시 07.22.(토) 09:00 장소 오창읍 사무소 집결
준비물 고무장갑, 개인 수건, 모자, 편한 운동화 혹은 장화
다치지 마시고, 보람 있는 자원봉사 활동 부탁드립니다.

지난밤 일찍 잠을 청했는데 오히려 잠을 설쳤다. 수해복구 자원봉

사를 신청했지만, 과연 체력이 따라 줄 것인가에 대한 고민 때문이다. 그래서 이른 아침, 좋은 컨디션이 아닌 상태에서 청주 오창읍으로 향했다.

오창읍 사무소에 도착한 시각은 오전 8시 41분! 내가 배치된 곳은 오창읍 성산리 한 중소기업 공장 수해 지역이었다. 그리고 총 11명[부부 2팀, 모녀 1팀, 친구 1팀 그리고 나처럼 혼자 참여한 사람이 3명이다.]이 함께 배치 받았다.

수해 현장에 도착하자자마 곧바로 작업을 시작했다. 공장 후사면에 토사가 흘러내려 와 공장이 침수되어 그 흙을 퍼내는 일이다. 한마디로 삽질이 시작된 것이다. 참여자 중에서 남자는 6명! 정말 모두가 열심이다. 나도 최선을 다했다. 이미 땀으로 옷은 흥건히 젖었다.

작업한지 1시간이 지나자 심각한 현기증이 오기 시작했다. 아무도 쉴 생각을 하지 않는다. 분명히 모두 힘들어 하는 것 같은데 눈치를 보는지 누가 나서서 "쉬었다 합시다."를 못한다. 결국 내가 나섰다.

"우리 10분간 휴식하지요!"

모두가 공감했는지 거의 동시에 삽과 마대를 놓고 땀을 닦았다. 10분 정도 휴식하고 작업을 계속했다. 내 체력은 점점 소진되었다. 나도 나름 일에는 자신 있는 사람이다. 어려서 아버지의 농사일을 돕던 경험이 있기 때문이다. 지금도 가끔 고향에 가면 농사일을 조금씩 돕는다. 또, 군에서는 극한 훈련을 받기도 했다. 하지만 그것은 20~30대 이야기다.

모두 열심히 일한 덕분에 생각보다 일찍 작업을 마무리했다.

점심 식사를 마치고, 잠시 함께 차를 마시며 나눔 시간을 가졌다.

캠퍼스 행전

모두 열심이었지만, 그중 정말 열심히 작업했던 한 분에게 물었다.

"어떻게 자원봉사를 나오시게 되었나요?"

"죄를 많이 지어서요. 무엇인가 착한 일을 많이 해야 할 것 같아서 자주 나옵니다!"

그분 대답이 정말 의외였다. 나 스스로에게도 같은 질문을 했다.

'나는 왜 자원봉사를 하는가?'

첫째, 내가 그렇게 '기도했기 때문'이다. 우리 학생들에게 나라와 민족을 위해 기도하라고 가르쳤다. 그리고 그렇게 살겠다고 기도했다. 그렇기에 마땅히 나라와 민족이 어려울 때, 우리가 일어나야 하지 않겠는가! '골방 기도'도 중요하지만 '현장 기도'도 중요한 것이다.

둘째, 나는 제자들을 가르치는 '교사이기 때문'이다. 나는 '행동하는 주님의 제자가 되라.'고 가르쳤다. 마땅히 리더인 나 스스로 솔선하고 모범을 보여야 하지 않겠는가!

셋째, '말씀에 대한 작은 순종'이다.

자녀들아 우리가 말과 혀로만 사랑하지 말고 행함과 진실함으로 하자(요일 3:18).

나에게 늘 부담이 되는 금언이 있다.

"삶이 설교다!"

설교만큼 중요한 것이 행동하는 신앙이다. 그럼에도 나는 '의로운

사람'은 아니다. 다만 정말 하나님 앞에 '깨어 있어야 할 주의 종'일
뿐이다.

2013.05.20.

성경공부 교재 『성경 조감 노트』 출간

하나님의 은혜로 『성경 조감 노트』를 출간하게 되었다. 다음은 예
수제자운동JDM 대표이신 윤태호 목사님이 써 주신 과분한 추천사다.

성경에 관한 수많은 자료와 정보, 책들이 쏟아지고 있는 홍수 시대에
서 있다. 너무 많아서 무엇으로 성경에 관한 귀한 진리들을 내 삶에 적
용할 것인지 당황해야 하는 현실 속에 있다. 화려한 포장과 멋진 글체
와 상품처럼 미화된 글귀들이 책을 들게 하지만, 결국 항상 그것이 그
것일 뿐인 성경에 대한 잡다한 요약집에 불과했었다. 그런데 『성경 조
감 노트』를 보고 깜짝 놀랐다. 저자가 손으로 직접 그리고, 채우고, 새
기고, 설명한 내용에 감동했고, 그저 활자가 아닌 성경 전체의 역사와
정신, 구속사의 위대한 흐름과 사건을 일목요연하게 정리해 놓은 열정
에 감격했다. 그래서 추천한다.
성경은 성령의 도서관이다. 그것은 하나님에 관한 지식의 총론서로 종
교에 관한 세밀한 규범과 강령을 담고 있다. 또 그것은 "그 안에 크레
덴다(credenda, 신조), 즉 우리가 믿어야 할 것들과 어젠다(agenda, 의

캠퍼스 행전

제), 즉 우리가 실천해야 할 일들을 수록하고 있다."고 청교도 목사인 토마스 왓슨은 말했다.

『성경 조감 노트』는 이 두 가지를 우리에게 제시하고 읽으라고 소리치고 있다. 주님을 따른 30년의 풍부한 영성과 캠퍼스 사역 20여 년의 성경 교사의 노하우가 젊은 세대들을 위한 성경 교재로 훌륭하게 자리매김한다.

이 책은 성경이라는 위대한 건축물의 설계도와 조감도를 보는 마음을 가지게 한다. 한 장 한 장에 쓰인 그림과 해설 속에 성경 개요와 내용 분해를 다 담고 있기 때문이다. 장황한 설명이 아니라 아주 복잡하고 간단하지 않은 역사와 사건도, 깊은 성경 진리의 오묘함도 아주 간단하고 명쾌하게 드러내고 있다.

저자의 성품이 드러나는 책이다. 수십 권의 성경 개론과 참고 도서를 이 한 권으로 정리해 옆에 둘 수 있다는 행복이 있다. 역동적이고 투쟁적인 캠퍼스 사역의 치열함 속에서 저자의 묵상과 연구 그리고 오랜 교수 경험으로 만들어진 『성경 조감 노트』이기에, 이 책은 주일학교 학생부터 신학도와 목회자에 이르기까지 성경을 사랑하고 배우고 익히는 데 최적의 책이며 신앙 성장에 가장 효과적인 종합 비타민이다.

저자 리민수 목사의 십년 성경 연구의 결과물을 우리가 단숨에 손에 넣을 수 있다는 것은 참으로 축복이며 은혜이다. 주님을 사랑하며, 말씀을 사랑하는 모든 그리스도인의 서재에 놓고 꼭 함께 볼 수 있기를 기원하며 기쁨으로 추천한다.

아무리 생각해도 과한 칭찬이다. 오히려 과대 포장된 책으로 비쳐지지 않을까 염려된다.

■ 감사하게도 이 책은 재판까지 모두 판매되었다.

2017.11.23.

동아리방이 없는 캠퍼스의 서러움

날씨가 갑자기 추워졌다. 오늘은 아침모임을 가는데 첫눈이 내렸다. 청년 때나 지금이나 첫눈은 여전히 묘한 감정을 불러일으킨다.

명지대학교 아침모임을 갔는데 동아리방이 없다. 따라서 아침모임을 포함한 모든 모임을 학생 식당에서 한다. 아침모임도 마찬가지다. 하지만 이렇게 추운 날은 집중력이 떨어질 수밖에 없다. 그래서 오늘은 지체들을 차에 태우고 히터를 틀고 경건의 시간을 가졌다.

승용차 안에서 아침모임을 한 것은 오늘이 처음이 아니다. 지난 주 경기대학교 모임에서도 그랬다. 이 학교에서는 아침모임을 교직원 식당에서 하는데 의자가 철로 되어 있다. 이른 아침, 그 차가운 의자에 앉아 말씀을 읽고 있으면, 모든 신경이 엉덩이로 쏠릴 수밖에 없다. 그래서 경기대학교 아침모임을 가려면 끔찍하다(?). 특히, 아침모임 출석률 100%인 선아 자매가 추위에 약해 마음이 아프다.

이렇듯 동아리방이 없는 캠퍼스는 동절기에는 앞으로 점심모임을

캠퍼스 행전

권장했다. 동아리방이 없는 캠퍼스의 애환이기도 하다.

지난 화요일 가지장 교육을 마치고 한 캠퍼스 대표의 보고에 따르면, 학교 당국에서 개별 동아리방을 도두 폐쇄하고 연합동아리방을 주겠다고 했단다. 그와 관련하여 이번 주 회장단 모임을 갖는다고 했다. 그나마 동아리방이 있는 캠퍼스에도 이런 시련이 밀려오고 있다. 그렇지 않아도 캠퍼스 사역의 장애물이 많은데, 학교 당국까지 이렇게 도와주지 않으니 마음이 아프다.

일단 동아리 대표들은 부정적 의사를 강하게 표한다고는 하지만 쉽지 않을 듯하다. 현재 제대로 동아리 활동을 하고 있는 단체가 많지 않기 때문이다. 엎친 데 덮친 격이다. 하지만 돌이켜 보면, 우리가 언제 꽃길을 걸으며 사역한 적이 있던가! 우리의 사역에 언제 바람 잔잔한 적이 있었던가! 장애물이 있으면 넘고, 박해하면 그것대로 감당해야 하지 않겠는가! 그럼에도 안타까운 것은 사역의 터전을 점점 잃어가는 것만은 분명하다. 그 열악함 속에서 동역하는 지체들이 더욱 안쓰러울 따름이다.

우리가 사방으로 우겨쌈을 당하여도 싸이지 아니하며 답답한 일을 당하여도 낙심하지 아니하며 박해를 받아도 버린 바 되지 아니하며 거꾸러뜨림을 당하여도 망하지 아니하고 우리가 항상 예수의 죽음을 몸에 짊어짐은 예수의 생명이 또한 우리 몸에 나타나게 하려 함이라(고후 4:8-10).

아멘!

잠 못 이루는 밤

어제 아침 지체들에게 문자를 보냈다.

샬롬!

날씨가 무척 춥네요. 단톡방이 조용한 것을 보니 기말고사에 집중하고 있군요. 참으로 대견합니다.

내일은 종강채플입니다. 금식사경회 전 공식적으로 올해 마지막 채플입니다. 비록 기말고사이기는 하지만, 종강채플에 꼭 참석하기 바랍니다. 예배에 참석하는 것은 '우선순위 훈련'입니다.

모쪼록 기말고사 마지막까지 승리하세요.

한 해 마무리를 잘하고 싶었다. 금식사경회를 앞두고 마음 자세를 독려하고 싶었다. 하지만 '어제 종강채플'에는 올해 들어 가장 적은 인원이 참석했다. 이제 채플 참석 인원이 많고 적음에 큰 의미를 안 두려고 노력한다. 하지만 채플 전 회장이 내 방에 찾아와 한 말은 무척 충격적이었다.

"목사님! ○○대 3명 가지원이 모두 금식사경회에 못 온대요. ○○는 목사님이 무서워서, ○○는 중국에 계신 아버지 보러 가서, ○○는 엄마가 금식하지 말라고 해서 …."

못 온단다. 한마디로 맥이 풀린다.

캠퍼스 행전

올해 11명의 새내기가 가입했다. 이 중 1학기에 3명, 2학기에도 2명이 탈퇴해서 현재 6명이 남아 있다. 그런데 이 중 세 명만 자발적으로 금식사경회에 등록했다.

이런 현상은 지난해부터 나타나기 시작했다. 앞으로 3년 후 상황이 예측되는 불길한 징조다. 게다가 그 때가 되면, 인구 절벽이 시작되는 시점과 맞물린다.

현재 우리나라 교회의 85%는 주일학교가 없다는 통계가 있다. 한국 교회는 이렇게 무너지는 것인가?

금식사경회는 새해를 앞두고 개인적으로 영적 재충전을 하는 기회이며, 사역적으로 사역의 동력을 회복하는 기회다. 그런데 그렇게 믿었던 가지원들이 적지 않은 실망을 안겨 주고 있다.

잠자리에 들었지만 잠이 오지 않는다. 어제 밤새도록 잠을 설치고, 새벽 4시에 일어났다.

오늘은 찬양팀이 사경회 준비로 밤새워 연습한다. 이렇게 가지장들은 여전이 든든하다. 마치 태산 같은 믿음직스러운 동역자들이다. 하지만 사경회를 준비하는 내 마음은 많이 착잡하다. 대사도요 믿음의 대선배인 사도 바울의 권면으로 위로를 삼는다!

형제들아 너희는 선을 행하다가 낙심하지 말라(살후 3:13).

아멘!

아들의 적금 통장

"아빠! 지금 어디 계세요!"

어제 오후 아들에게서 문자가 왔다. 그리고 한 시간 쯤 후에 아들이 센터로 왔다. 무슨 일이냐고 했더니, 2학기 이후 자신의 계획을 이야기했다. 사법고시를 준비하겠다는 것이다. 그리고 공부하는 데 필요한 재정을 부탁했다. 좀 부담이 되었지만, 그렇게 하겠다고 승낙했다. 그리고 잠시 후, 내게 적금통장을 하나 내놓으면서 말했다.

"이것은 그동안 아르바이트로 조금 모은 거예요. 다음에 제가 복학하면 등록금으로 다시 주세요."

영문을 모른 채 통장을 열었다. 그리고 깜짝 놀랐다. 잔액 340만 원! 아들이 전역한 후 1년 동안 아르바이트를 해서 매월 30만 원씩 꼬박꼬박 적금을 들었다고 했다.

아들이 돌아간 뒤에 여러 생각을 했다. 어느 덧 저렇게 커서 스스로 경제 관리를 하나 생각하니 감사했다. 어쩌면 아들이 이 세상에 태어나 스스로 모은 돈 중에 가장 많은 금액일 것이다. 또한, 아빠를 배려하는 그 마음에 이루 말할 수 없는 감동을 받았다.

나는 늘 자식들에게 미안하다. 언젠가 아들이 했던 말을 아내를 통해 들었다.

"왜 아빠는 이 사역자의 길을 가셔서 엄마 혼자 어렵게 하시는지 모르겠어요."

그랬다. 그래서 늘 가족에게 미안하고 고맙다. 그중에서도 맏아들인 주일이가 동생들에게 늘 모범이 되고 있어 감사하다. 특히, 교회를 충성스럽게 섬기는 아들의 모습은 더욱 감동이다.

오늘은 야곱이 요셉을 축복했던 창세기 49장 22절을 배경으로 한 "야곱의 축복"을 아들에게 불러주고 싶다.

■ 이 칼럼에 아들의 동기생인 이윤정 자매가 댓글을 남겼다.

지난 번 1318(청소년 수련회) 때, 저녁 디스커버리 시작시에 주일이가 왔는데, 오자마자 숨도 안 돌리고 바르 편지지를 구해서 창대교회 7명도 넘는 아이들에게 편지를 쓰는 거예요. 제가 그 편지를 접어 주었는데, 내용을 보지는 못했지만 하나하나 정갈하게 쓴 그 글씨와 진심 어린 마음이 느껴졌습니다. 주일아 멋지다! 이런 말하기 좀 그렇지만, 진짜 그 아빠에 그 아들인 것 같네요. ㅎㅎ

2005.08.06.

딸의 생일 선물 '나침판'

오늘은 내가 만으로 마흔여덟 살이 되는 생일이다. 나는 오늘 여러 사람에게서 다양한 생일 선물을 받았다. 그 어느 것 하나 소중하지 않고, 감사하지 않은 것이 없다.

그중에 사랑하는 딸 혜진이의 선물이 특별했다. 딸은 예쁜 편지와 함께 '나침판'을 선물했다. 아니 조금은 황당하기까지 한 선물이다.

"아빠! 예쁜 딸 혜진이에요! 아빠의 생신 축하드려요. (중략) 생신 선물로 무엇이 좋을까 고민했어요. 그러다가 이 '나침판'이 눈에 들어와서 아빠에게 선물로 드리고 싶어 샀어요."

'나침판'은 방향을 찾는데 사용하는 도구다. 내가 살아가는 데 꼭 필요한 '방향 찾기'가 필요하다. '나침판'을 선물할 생각을 하다니 과연 내 딸답다. 딸에게 '나침판'을 선물한 이유를 물었다.

"제가 가야 할 방향은 당연히 천국이고 하나님이지만, 그 방향을 가르쳐 주신 분은 아빠셨거든요. 아빠! 많이 많이 감사해요. 솔직히 아빠가 너무 답답한 적도 있었고, 아주 심하게 무서운 적도 있었지만, 그래도 그 모든 것을 뛰어넘어 아빠 정말 제게 최고예요. ^^"

그 의미를 들으니 오늘 내가 받은 최고의 선물은 이 '나침판'이다. 감동이다.

그러므로 나는 달음질하기를 향방 없는 것 같이 아니하고 싸우기를 허공을 치는 것 같이 아니하며(고전 9:26).

2014.11.17.

아들의 드라마 첫 출연

지난 9월 말경, 아내가 내게 문자를 보냈다.

캠퍼스 행전

세영이가 KBS TV 드라마 "왕의 얼굴" 뿔감역으로 출연 확정되었답니다.

대학교 연극영화과를 졸업한 셋째 세영이가 지난 2년간 마음고생을 많이 했는데, 오랜만에 희소식이 전해진 것이다. 드라마는 이번 주 수요일 밤 10시부터 방영되지만, 세영이 촬영분은 다음 주 수요일부터 방영된다. 비록 관상도감의 말단 관리직으로 출연하기에 화려하지도 않고 보수도 많지 않지만, 세영이는 이름 있는 작품에 첫 출연하는 것만으로도 감사하게 여기고 있다. 그렇게 한 작품 한 작품 경력을 쌓다 보면, 좋은 날도 있지 않을까?

연기자라는 직업은 프리랜서다. 일반인들은 일단 취업이 되면 직업의 안정성이 있다. 하지만 연기자는 그렇지 못하다. 작품이 있으면 일을 하는 것이고, 없으면 못한다. 그럼에도 이 길을 걷겠다는 연기 지망생들이 수만 명에 이른다고 한다. 하지만 현실은 너무나도 암울하다. 기존 연기자들도 출연할 작품이 없는 경우가 허다하다고 한다. 그렇기에 연기자에게 작품 출연은 곧 생계나 마찬가지다.

세영이는 그래도 축복받은 축에 속한다. 많은 대학교 동기들이 이렇다 할 작품 출연을 하지 못하고 있기 때문이다.

세영이가 이 드라마에 출연하기까지 하나님의 '놀라운 인도'하심이 있었다. 드라마보다 더 드라마틱하다. 말과 글로 다 할 수 없는 하나님의 은혜다. 여기에는 특별히 아내의 기도가 결정적이었다고 믿는다. 아내는 매일 새벽 세영이를 위해 무릎으로 하나님께 아뢰었다. 그리고 이제 그 응답을 받은 것이다. 할렐루야! 물론 이제 세영이 연기

인생의 시작에 불과하지만 말이다.

■ 그 후 세영이는 드라마 "화랑"과 영화 "덕혜옹주"에도 출현했다.

'취업'과 '결혼'이 미안한 시대

오늘 '국가공무원 9급 공개경쟁채용' 시험 결과가 발표됐다. 넷째 세창이가 9급 공무원 선거행정직 시험에 최종 합격했다. 14만 1,718명이 응시해 평균 38.3대 1의 경쟁률을 기록했다.

세창이가 군에서 복학한 어느 날, 공무원 시험을 보겠다고 했다. 그런데 직렬職列이 좀 신기했다. '선거행정직'이라는 것이다. 나는 그런 것이 있는 줄도 몰랐다. 그리고 3학년 2학기를 마치고, 곧바로 공무원 시험 준비에 돌입했다. 한 3년 목표로 공부한다고 했다. 그런데 시험 준비 단 1년 만에 합격했으니, 놀라운 일이 아닐 수 없다. 이 또한 오직 하나님의 은혜다.

그리고 세창이의 두 번째 합격 비결은 '자기 관리'다. 아들의 성실성은 내가 인정하는 바다. 공부는 누가 시켜서 할 수 있는 일이 절대 아니다.

세창이는 올해로 26세다. 아직 대학 4학년에 재학 중이니 소위 '대박'이 난 것이다. 부모로서는 더 없이 기쁜 일이다. 이는 사역자인 나를 향한 하나님의 응원이기도 하다.

하지만 세창이 취업이 미안한 이유는 뭘까? 그것은 또 다른 '영적 자식들' 때문이다. 아직도 제대로 취업하지 못하고 인턴이나 아르바이트를 하는 지체들이 적지 않다.

정부 발표에 따르면, 청년 실업률이 10%라고 한다. 하지만 체감 실업률은 이보다 훨씬 높다. 오늘 어느 정치인이 국회에서 이런 말을 했다.

"청년 실업 문제는 더 방치할 수 없는 혁명적 상황이다."

이런 상황에서 내 자식이 취업되었다고 좋아만 할 수는 없는 현실이다.

매월 발송하는 제자들 소식에 '결혼', '출산', '취업' 소식을 전하는 것이 미안한 시대가 되었다. 이것이 오늘 우리 청년들이 겪는 슬픈 현실이다. 이런 현실 속에서도 결코 위축되지 않는 제자들! 믿음으로 당당하게 승리하는 제자들을 기대하며 기도한다.

2010.11.26.

받을 자격이 없는 종에게 주신 넘치는 은혜

사랑하는 아들아!

드디어 사법시험에 최종 합격했구나. 정말 축하한다. 아무리 생각해도 꿈만 같다. 어떻게 비법대 非法大인 네가, 그것도 사법고시 준비

3년 만에 합격하다니 주님께서 네게 큰 은혜를 베푸셨구나. 3년 전 제대하고 사법고시에 도전하겠다며 신림동으로 갔을 때가 생각난다. 한 푼이라도 비용을 아끼려고 값싼 신림동 산꼭대기에 방을 얻을 때만해도, 곧 사법고시가 폐지된다는 것을 알고 있었기에 솔직히 걱정이 이만저만이 아니었다. 너의 그 무모한(?) 도전을 솔직히 어떻게 해야 할지 몰랐었지.

사랑하는 아들아!

이제 어쩌면 네가 그토록 꿈꾸던 판사의 길이 열릴지도 모르겠구나. 네게 희망과 용기를 주고자 함이니 너무 부담 갖지 말거라. 이 기회에 아빠가 네게 몇 가지 당부할 것이 있다. 꼭 마음에 깊이 담아 두거라.

첫째, '초심'을 잃지 말라. 네가 왜 법조인의 길을 가고자 했는지, 또 어떤 자세로 하려고 했는지 그 마음을 지키라는 것이다(잠 4:23).

둘째, '정체성'을 잃지 말고, '우선순위'를 분명히 하라. 너는 하나님의 자녀요, 그리스도의 제자다. 이 사실을 한시도 잊지 말거라. 지금 한국 기독교가 수치를 당하고 있다. 아니, 정확히 말하면 일부 그리스도인들 때문에 하나님이 모욕당하고 있다. 제발 너 만큼은 예수 그리스도의 충성된 제자로 살기 바란다(마 6:33).

셋째, '자기 관리'를 철저히 하라. 사실 자기 관리는 나보다 네가 더 잘하는 것 같아 안심이다. 하지만 인간은 한없이 부족하고 연약한 존재란다. 당부하건대, 항상 성령 안에서 깨어 있어야 한다. 신앙 관

캠퍼스 행전

리, 인간 관리, 시간 관리, 물질 관리를 토다 철저히 하기 바란다.

사랑하는 아들아!

너의 사법시험 합격이 사역자인 아빠에게도 큰 응원이 되었구나. 그동안 정말 수고 많았다. 사랑하고 축복한다.

■ 2017년 10월 30일! 감사하게도 아들은 법관 임용시험 최종 면접을 통과했다. 그리고 12월 1일 판사 임명장을 받았다. 받을 자격이 없는 종에게 늘 넘치는 은혜로 함께하시는 주님께 감사하며 찬양한다. 할렐루야!

2018.01.27.

아들의 결혼 주례사

사랑하는 아들아!

먼저 결혼을 진심으로 축하한다. 그리고 이렇게 잘 커 줘서 정말 고맙다.

그리고 이제 새 식구가 된 며느리 OO!

이렇게 예쁘고 착한 OO양을 며느리로 맞이하게 된 것을 진심으로 기쁘게 생각하고, 하나님께 감사한다. 이제 새 가정을 이룬 두 사람을 위하여 하나님의 종으로서 뿐만 아니라 아비로서 결혼 예식에 즈음하여 축복의 권면을 하고자 한다.

이 세상에 '결혼'에 대한 정의는 수 없이 많다. 하지만 하나님께서는 창세기 2장에서 '가정'에 대하여 이렇게 말씀하고 있다.

> 여호와 하나님이 이르시되 사람이 혼자 사는 것이 좋지 아니하니 내가 그를 위하여 돕는 배필을 지으리라 하시니라(창 2:18).

이 말씀에 의하면 결혼은 첫째, 부모를 떠나는 것이며, 둘째는 부부가 한 몸이 되는 것이다. 부모를 떠난다는 것은 '독립'을 의미하는 것이다. 이 말은 혈육적, 물리적으로 부모의 품을 떠난다는 의미만은 아니다. 결혼이 주는 독립의 의미에는 사회적 일원으로 새로운 책임이 생겼다는 것이다. 하지만 이것에 관하여는 이미 유치원부터 배운 것이기 때문에 다시 언급하지 않겠다. 다만, 내가 이 자리를 빌려 너희에게 꼭 당부하고 싶은 것은, 바로 '영적 독립'이다.

언젠가 내가 너희에게 농담처럼 한 말이 있다. 아비로서 궁금한 두 가지가 있는데, 월급이 얼마인지와 신앙생활을 잘 하고 있는지 궁금하다고 말이다. 앞의 이야기는 농담으로 한 말이지만 '신앙생활'과 관련해서는 진심이다. 아무쪼록 너희를 통해 아름다운 믿음의 유산을 잘 이어가 주기 바란다. 그런 의미에서 나는 오늘 너희에게 짧게 세 가지를 강조하고자 한다. 꼭 가슴에 새겼으면 좋겠다.

첫째, 하나님의 통치가 이루어지는 가정Of God이 되라! 이제부터 너희는 각자 자신의 배우자가 인생의 제1순위가 되었다. 남편은 아내가 인생의 1순위이며, 아내는 남편이 인생의 1순위가 된 것이다. 하지만 하나님은 이 가정의 최우선 순위가 되어야 한다. 이 가정을 세우신 분이 바로 하나님이시기 때문이다. 이 가정을 세우신 하나님께서 또한 이 가정을 통치하시고, 이끌어 가시도록 하라.

하나님이 인류에게 주신 위대한 공동체가 둘 있다. 그것은 교회와 가정 공동체다. 교회 공동체는 그리스도의 보혈로 세워진 공동체이며, 가정 공동체는 사람의 혈육으로 세워진 공동체다. 가정이 바로 세워져야 교회가 바로 서고, 사회가 바로 서고, 나라가 바로 선다. 하나님의 통치가 이루어지는 곳에 진정한 형통이 있음을 명심하라. 나는 너희 가정에 하나님의 온전한 통치가 이루어지기를 기도한다.

사람이 마음으로 자기의 길을 계획할지라도 그의 걸음을 인도하시는 이는 여호와시니라(잠 16:9).

둘째, 하나님과 동행하는 가정 n Christ 이 되라. 세상 많은 사람이 행복한 삶을 꿈꾼다. 하지만 모두가 행복한 삶을 사는 것은 아니다. 세상은 광야와 같고, 인생은 광야의 존재다. 광야는 변화무쌍하고, 세상은 험난하다. 그래서 우리는 예수 그리스도 안에 온전히 거해야 한다. 예수 그리스도 안에 있어야 참 행복을 누릴 수 있기 때문이다. 진정 너희가 행복하기를 원한다면, 오직 우리 주 예수 그리스도 안에 온전히 거하라. 그 방법은 예배를 소중히 여기는 것이다. 그리고 성경말씀을 가까이 하라. 성경 속에 인생의 진리가 있고, 인생의 행복이 있고, 인생의 문제를 해결하는 지혜가 있음을 항상 명심하기 바란다.

나는 포도나무요 너희는 가지라 … 나를 떠나서는 너희가 아무 것도 할 수 없음이라(요 15:5).

셋째, 오직 하나님께 영광을 돌리는 가정 For God 이 되라! 모든 것에는 각각 존재 목적이 있다. 나라가 존재하는 목적이 있고, 회사가 존재하는 목적이 있듯이, 하나님께서 사람을 지으시고 가정을 세우신 목적이 있다. 그것은 바로 하나님의 영광을 드러내는 삶이다. 하나님의 영광을 드러내는 삶은 바로 세상에서 인정받는 삶이다. 그렇다고 해서 세상적으로 출세하라는 말이 아니다. 세상에서 인정받는 삶이란 세상에서도 믿음의 도리를 다함으로써, 참된 그리스도인으로 인정받는 삶이다. 그것은 영적, 인격적, 도덕적 균형을 갖춘 성도의 삶이다. 아무쪼록 너희 가정을 통해 하나님만이 영광 받으시기를 간절히 기도한다.

그런즉 너희가 먹든지 마시든지 무엇을 하든지 다 하나님의 영광을 위하여 하라(고전 10:31).

사랑하는 아들! 그리고 세상에서 가장 아름다운 며느리 ○○!

오늘 새 가정을 이룬 너희도 기쁘겠지만, 나 또한 너희를 바라보며 얼마나 가슴 벅찬지 모른다. 다시 한번 새 가정 이룬 것을 진심으로 축하하고 축복한다. 아무쪼록, 예쁘고 행복하게 잘 살아라.

주례 리민수

■ 이 주례는 '목사'가 아닌 '혼주' 자격으로 자식 내외에게 권면한 것이다.

반성문

나는 수원지구를 개척할 때부터 10년간 개인전도 통계를 적었다.

연도	접촉	전도	영접
1996년	269명	59명	16명
1997년	277명	79명	25명
1998년	151명	70명	20명
1999년	143명	84명	14명
2000년	145명	92명	19명
2001년	145명	45명	9명
2002년	133명	30명	8명
2003년	86명	41명	10명
2004년	42명	25명	2명
계	1,542명	525명	123명

전도 접촉 1,542명, 복음 전도 525명, 영접 123명이다.

개척 초기에는 전도 밖에 할 것이 없었다. 그래서 전도에 올인했다. 캠퍼스에 혼자 앉아 있는 학생을 보면, 적극적으로 다가가서 복음을 전하고자 했다. 때로는 여러 명의 학생이 모여 있을 때에 다가가서 양해를 구하고 복음을 전한 적도 있다. 목이 아파 더는 복음을 전할 수 없을 때까지 힘써 전했다.

하지만 해가 거듭되면서 전도하는 숫자가 점점 줄었다. 그리고 2004년부터는 아예 전도 통계도 기록하지 않았다. 동아리 멤버들이 늘어 가면서 채플 메시지와 성경공부 그리고 상담시간이 늘었고, 7개 캠퍼스도 방문해야 했다. 전도에 시간을 많이 할애하지 않은 것은 외적으로 보면 사역의 다변화에 기인한 것이다. 하지만 이것은 하나의 '핑계'일 뿐이다.

캠퍼스 행전

제11부

부록

청년 메시지

또 그의 이름으로 죄 사함을 받게 하는 회개가 예루살렘에서
시작하여 모든 족속에게 전파될 것이 기록되었으니 너희는
이 모든 일의 증인이라(눅 24:47-48).

다시 들어야 할 복음

오늘 로마서는 사도 바울이 가 보지도 않은 로마로 가기에 앞서 로마에 보낸 편지 형식의 교리서입니다.

바울은 "간절히" 로마에 가고 싶어 했습니다. 사도 바울은 왜 이렇게 로마에 가기를 원했을까요? 1장 15절에 그 답이 있습니다.

그러므로 나는 할 수 있는 대로 로마에 있는 '너희에게도 복음 전하기를 원하노라.'

바울이 로마에 가기를 간절히 사모했던 이유는 바로 로마 교회에 복음을 전하고 싶었기 때문입니다. 복음의 핵심은 '행위나 노력 율법'이 아닌 오직 믿음으로 구원을 얻는 것입니다. 하지만 로마 교회 성도들은 이 복음의 진수를 정확히 모르고 있었던 것입니다. 그런데 복음을 다시 들어야 할 사람들이 로마 교회 성도들만일까요? 아닙니다. 그러면 복음을 다시 들어야 할 사람은 누구일까요?

첫째, 오늘 날 구원의 확신이 없는 사람들입니다. 제가 여러분께 이 질문을 다시 하겠습니다. "여러분! 구원의 확신이 있습니까?" 만일 이 땅에서의 삶이 오늘 마지막이라면, 여러분은 천국에 갈 확신이 있습니까? 있다면 그 근거는 무엇입니까? 많은 목사가 설교 중에 이 말을 하는 것은 그 만큼 구원의 확신이 중요하기 때문입니다.

여러분이 교회에 열심히 다닌다고 해서 구원을 받은 것이 아닙니다. 여러분이 새벽기도에 나오고 십일조를 드리는 것은 성도로서 마땅하고 귀한 일이지만, 그렇다고 그것이 우리를 구원하는 기준이 되지 못합니다. 목사라고, 장로라고 구원을 받는 것 아닙니다. 모태신앙이라고 구원을 받는 것도 아닙니다. 오직 예수 그리스도를 구주로 영접해야 구원을 얻습니다. 이것은 제 말이 아니라 성경의 언약입니다. 아멘!

누구든지 주의 이름을 부르는 자는 구원을 받으리라(롬 10:13).

다른 이로써는 구원을 받을 수 없나니 천하 사람 중에 구원을 받을 만한 다른 이름을 우리에게 주신 일이 없음이라 하였더라(행 4:12).

사랑하는 형제자매 여러분!

오직 '예수'만이 구원의 필요충분조건입니다. 오직 예수 십자가의 보혈로만 구원을 얻습니다. 하지만 안타까운 것은 이 교리의 부작용(?)도 있다는 것입니다. 즉, "오직 예수르 구원을 얻었으니 내가 무슨 죄를 지어도 된다."라는 잘못된 의식을 가진 성도가 적지 않다는 것입니다. '값싼 복음'이 오늘날 한국 교호를 낳았다고 해도 과언이 아닙니다. 참으로 통탄할 일입니다. 이것은 기독교가 아닙니다. 지금이라도 정말, 정신 똑바로 차리고 제대로 살아야 합니다. 오늘 우리에게 주시는 주님의 음성을 엄중히 받아들여야 합니다. 우리에게 진정 구원의 확신이 있다면, 주님의 말씀대로 살아야 하지 않겠습니까?

둘째, '다른 복음'에 미혹된 사람들입니다. 사도 바울은 갈라디아 교회에 보내는 편지에 이렇게 썼습니다.

여기서 '다른 복음'이란 무엇입니까? '구원의 조건이 예수가 필요충분조건이 아닌 모든 것'이 바로 다른 복음입니다. 예컨대 "예수만 믿어서 구원을 받는 것이 아니라 선행을 해야 한다."라든가 "안식일을 지켜야 구원 받는다."라는 주장 등을 말합니다.

이미 말했듯이 로마 교회 성도들은 유대교에서 기독교로 전향한 그리스도인이었습니다. 그렇기에 그들은 예수도 믿고, 할례도 받고, 율법을 지켜야 구원을 얻는다고 믿었습니다. 이렇게 되면 예수는 구원의 필요충분조건이 되지 못한다는 말입니다. 사도 바울이 목숨을 걸고 아시아와 유럽으로 5차에 걸친 전도 여행을 했던 이유는 직접 그곳에 가서 이 문제를 교정하는 것이었습니다. 로마 교회에 가기 원

캠퍼스 행전

했던 것도 바로 이 때문이었습니다. 당연히 로마서 내용도 바로 "'율법이나 할례'는 구원의 조건이 아니다.'라는 것입니다.

예수 외에 그 어떤 것이 구원의 조건이라면, 이 모든 것은 '다른 복음'입니다. 다시 말해서, 이단이라는 말입니다. 오늘날 이단의 기세는 가히 교회에 위협적입니다. 그 이유는 교회가 진리 가운데 바르게 서 있지 않기 때문입니다.

사랑하는 형제자매 여러분!

우리가 복음을 다시 들어야 하는 이유는 이단에 미혹되지 않기 위함입니다. 성경은 사탄을 짐승으로 표현합니다. 하나는 하와를 꾀었던 '간교한 뱀'으로, 또 하나는 '삼킬 자를 찾는 우는 사자'로 말입니다. 하지만 그들이 우리를 찾아올 때는 그렇게 오지 않습니다. '광명한 천사 이단들'로 찾아옵니다.

> 이것은 이상한 일이 아니니라 사탄도 자기를 '광명의 천사'로 가장하나니(고후 11:14).

진리에 굳게 서서 이단의 미혹에 넘어가지 않기를 주님의 이름으로 당부합니다.

셋째, 삶이 흔들리고 신앙이 흔들리는 사람입니다. 환란과 역경으로 인해 영적 침체에 빠진 성도들! 삶이 지치고 너무 힘들어 무기력한 성도들! 모두 이 십자가의 복음을 다시 들어야 합니다. '복음은 하나님의 능력'이기 때문입니다.

먼저 로마 교회의 상황을 이해할 필요가 있습니다. 당시 로마 교회 성도들은 정치적으로 핍박을 받고, 극한 고난 가운데 있었습니다. 그래서 그들의 신앙이 흔들리고 있었습니다.

우리는 지금 인생의 광야에 서 있습니다. 이 시대 청년들은 더욱 고통스럽습니다. 최근 통계에 따르면, 청년 실업률 10%대에 살고 있습니다. 체감 실업률은 그것보다 훨씬 높을 것입니다. 취업이 안 되니 결혼율도 뚝 떨어졌습니다. 통계청에 따르면, 지난해 혼인율이 역대 '최저'를 기록했다고 합니다. 그러다 보니 계속해서 신조어만 등장하고 있습니다. 전에는 3포, 7포, n포 세대라는 말이 있었는데, 이것도 벌써 옛말이 되었습니다. 이제 '혼밥 혼자 밥 먹고', '혼술 혼자 술 마시고', '혼영 혼자 영화 보고', '혼행 혼자 여행하고' 문화라는 단어가 등장하는 씁쓸한 현실입니다.

우리 부모 세대는 전쟁과 가난 때문에 힘들었고, 우리 세대는 부모님 모시느라 본의 아니게 캥거루족이 되었고, 우리 자식 세대는 출구가 보이지 않는 긴 터널 속에서 추운 겨울을 보내고 있습니다. 하지만 신앙은 고난과 고통 가운데 견고해지는 법입니다. 이렇게 고난이 닥칠 때, 누구나 흔들립니다. 누구나 넘어질 수 있습니다. 하지만 주저앉아 버리는 것은 신앙이 아닙니다. 성도는 흔들릴지언정 어떤 경우에도 무너지지 않아야 합니다.

누가 우리를 그리스도의 사랑에서 끊으리요 환난이나 곤고나 박해나 기근이나 적신이나 위험이나 칼이랴(롬 8:35).

캠퍼스 행전

그렇습니다. 그 어떤 핍박이나 박해가 성도의 신앙을 무너뜨리지 못합니다. 문제는 "'확실한 복음'으로 무장했느냐? 하지 못했느냐?"일 뿐입니다.

사랑하는 형제자매 여러분!

예수 그리스도의 십자가의 피는 아직 마르지 않았습니다. 우리는 그 피로 대속의 은혜를 입었습니다. 예수는 나를 위해 모든 것을 주셨습니다. 이것이 복음입니다. 이제 우리가 반응할 차례입니다. 이제 복음의 능력으로 사십시오.

너희는 믿음 안에 있는가 너희 자신을 시험하고 너희 자신을 확증하라(고후 13:5).

2017.04.29.

전도! 스탠딩오더(standing order)!

사랑하는 형제자매 여러분!

이제 신록의 계절 5월입니다. 신입생 환영의 축제도 마쳤고, 중간고사도 끝났습니다. 우리가 서 있는 캠퍼스에는 수없이 많은 영혼이 있습니다. 아직도 영적으로 죽어 있는 영혼! 교회는 다니지만 영적으로 잠자는 영혼! 과거에 교회는 다녔지만, 지금은 떠나 있는 잃어버

린 영혼들입니다. 그래서 저는 5월을 '전도 집중의 달'로 선포하고자
합니다.

그러면 우리는 왜 전도해야 할까요?

첫째, 하나님은 모든 사람이 구원을 받기 원하시기 때문입니다.

하나님은 모든 사람이 구원을 받으며 진리를 아는 데에 이르기를 원하시느니
라(딤전 2:4).

그렇습니다. 하나님은 우리를 죄와 허물 가운데에서 구원하기를
원하셨습니다. 그래서 예수 그리스도를 우리에게 보내셨습니다. 하나
님은 저와 여러분뿐만 아니라 모든 사람이 구원 받기를 원하십니다.
둘째, 예수님께서 이 땅에 오신 목적이기 때문입니다.

이르시되 우리가 다른 가까운 마을들로 가자 거기서도 전도하리니 내가 이를
위하여 왔노라 하시고(막 1:38).

그렇습니다. 예수님께서 이 땅 가운데 오신 목적은 전도하기 위해
서입니다. '전도!' 이것은 우리 주님의 지상 목표였습니다. 또한 이것
은 오늘 제자인 우리가 마땅히 따라야 할 미션입니다.
셋째, 전도는 예수께서 제자들에게 주신 지상명령이기 때문입니
다. '스탠딩오더standing order'란 무엇입니까? 명령권자가 명령을 취소하

캠퍼스 행전

지 않는 한 계속 유지되는 명령입니다. 우리에게도 이 '스탠딩오더'가 있다는 사실을 알아야 합니다. 명령권자는 바로 예수 그리스도입니다. 그 명령을 수령하는 사람은 바로 그리스도의 제자인 '우리'입니다. 그 명령은 복음 전파입니다.

넷째, 우리 모두가 생명의 빚진 자이기 때문입니다. 지금부터 130년 전 조선의 백성들에게 복음을 전하기 위해 생명을 건 전도자들이 있었습니다. 그분들 중에는 복음을 전하다 순교를 당한 사람도 있고, 복음 전도를 시작하기도 전에 둥토병으로 죽은 분들도 있습니다. 우리는 그중 누군가로부터 복음을 이어받은 생명줄입니다. 사도 바울은 예수 그리스도의 사랑과 희생을 깨닫고 복음을 위해 생명을 걸었습니다. 그가 생명을 건 이유는 바로 빚진 자 의식 때문입니다(롬 1:14-15). 우리가 전도해야 할 이유는 우리도 누군가에게 생명을 빚진 자이기 때문입니다.

다섯째, 전도는 하나님이 구원하시는 방법이기 때문입니다. 많은 사람이 말합니다. "이 첨단 시대에 전도라?" 그래서 오늘날 많은 교회에서 소위 '시대에 맞는 전도(?)'를 하고자 여러 노력을 기울입니다. 따지고 보면, 그것도 얼마나 귀하고 감사한 일인지 모릅니다. 하지만 첨단 시대라고 해서 식사할 때 수저가 필요 없는 것은 아닙니다. 학생에게 연필과 노트가 필요 없는 것은 아닙니다. 첨단 시대에 사는 우리도 우리 손으로 직접 해야 하는 것이 한두 가지가 아닙니다. 성도에게 있어서 전도가 바로 그렇습니다. 초대 교회에서도 전도는 참 미련한 일로 보였습니다. 하지만 하나님은 전도의 미련한 것으로 구원을 이루시기를 원하십니다.

> 하나님의 지혜에 있어서는 이 세상이 자기 지혜로 하나님을 알지 못하므로 하나님께서 전도의 미련한 것으로 믿는 자들을 구원하시기를 기뻐하셨도다 (고전 1:21).

그래서 학자들은 이것을 '원시적 부르심'이라고 말합니다. 우리는 지금도 그 원시적인 방법으로 복음을 전해야 합니다.

아울러 '전도하는 자세'에 대하여 세 가지 당부를 하고자 합니다.

첫째, 구원의 확신이 있어야 합니다.
둘째, 영혼을 사랑하는 마음을 가져야 합니다.
끝으로, 거룩한 부담감을 가져야 합니다.

사랑하는 형제자매 여러분!
전도는 예수님의 지상명령 至上大命: The Great Commission 입니다. 전도는 지금도 여전히 유효한 예수 그리스도의 '스탠딩오더'입니다.

캠퍼스 행전

신앙의 회색 지대에 살지 말라

어제는 정기 채플이 있는 날이었다. 채플이 끝나고 장 선교사가 내게 말했다.

"오늘 메시지 너무 강한 것 아니에요? 혹시 가지원들 모두 도망가는 거 아닌가요?"

올 여름수련회 1차 사전 등록 마감이 이번 주다. 그런데 평년에 비해 50%도 등록하지 않았다. 아침도임도 점점 힘을 잃어가고 있다. 출석하는 사람만 출석하고, 가지장들조차도 역동성이 사라졌다.

원래 학년 초에는 신입생들의 눈치를 보는 메시지를 한다. 너무 강한 메시지는 아직 신앙의 기초가 없는 새내기들이 모임에 정착하기도 전에 오히려 떠나버리는 역효과를 내기 때문이다. 하지만 중간고사를 마칠 시기부터 조금씩 메시지 강도를 높인다.

그런데 어제는 '신앙의 회색 지대에 살지 말라!'라는 제목으로 작심하고 가감 없이 강하게 말씀을 선포했다. 요한복음 12장 35-43절 말씀이었다.

그러나 관리 중에도 그를 믿는 자가 많되 바리새인들 때문에 드러나게 말하지 못하니 이는 출교를 당할까 두려워함이라 그들은 사람의 영광을 하나님의 영광보다 더 사랑하였더라(요 12:42-43).

믿는 사람들 가운데 이런 생각을 하는 사람들이 있습니다.

'예수님 믿고 구원 받으면 되지 굳이 드러내 놓고 믿을 필요가 있는가?'

하지만 신앙은 '하나님의 영광을 드러내는 것' 즉, '빛의 사명'입니다. 그러나 본문에서는 이렇게 말씀하고 있습니다.

그들은 사람의 영광을 하나님의 영광보다 더 사랑했다.

그들은 자신의 기득권을 유지하기 위하여 스스로 회색 지대로 들어갔던 것입니다. 저울 한쪽에는 사람의 영광을, 다른 쪽에는 하나님의 영광을 올려놓고 달아보고 있었던 것입니다. 한마디로 '비겁한 사람들'입니다.

사랑하는 형제자매 여러분!

세상에서 '가장 나쁜 놈'이 누군지 아십니까? '배신자'입니다. 그런데 '이보다 더 나쁜 놈'이 있습니다. 바로 '양다리 걸치는 놈'입니다. 말이 많이 거칠지요? 하지만 오히려 '사람'이라는 말이 더 안 어울려서 그렇습니다.

오늘 본문을 통해 우리에게 주시는 메시지는 '중간 지대'에 살아서는 안 된다는 것입니다. '회색 지대'에 살지 말라는 것입니다. '비슷하게' 살아서는 안 된다는 것입니다. '편법'으로 살지 말라는 것입니다. '자기 소견대로' 살지 말라는 것입니다 삿 21:25. 한마디로 '믿음으로 살라.'는 것입니다. 가장 초라한 사람은 '머뭇거리는 인생'입니다.

캠퍼스 행전

엘리야가 모든 백성에게 가까이 나아가 이르되 너희가 어느 때까지 둘 사이에서 머뭇머뭇 하려느냐 여호와가 만일 하나님이면 그를 따르고 바알이 만일 하나님이면 그를 따를지니라(왕상 18:21).

더는 박쥐 인생으로 살지 맙시다! 출교가 두려워서 사람의 영광을 취했던 관원들처럼 살지 맙시다.

2017.05.24.

믿음의 배수진을 치라

오늘은 여호수아서 5장 1-9절을 중심으로 "신앙의 배수진을 치라!"는 말씀입니다.

배수진은 기원전 200년경 중국 한漢나라 대장군 한신이 조나라를 공격할 때 사용한 전술입니다. 당시 한나라군은 조나라군에 비해 상대적으로 열세였기에, 한신은 강을 뒤로 하고 진을 쳤습니다. 달아날 길이 막힌 부하들이 죽을힘을 다해 싸워 강한 적군을 격파했습니다.

전투가 끝난 후, 한신은 장군들과 함께 승리의 축하연을 베풀었는데, 한 장군이 한신에게 물었습니다.

"이것은 무슨 전술입니까?"

한신은 웃으면서 대답했습니다.

"사지에 몰아넣은 후에야 살게 되고, 망할 지경이 되어서야 존재하게 되지요."

그런데 이 '배수진背水陣 전법'이 오늘 본문과 어떤 관계가 있는 것일까요? 바로 '신앙의 자세'와 관련이 있습니다. 눈을 감고 한번 상상해 보십시오. 앞에는 40년 전 이스라엘 정탐꾼들이 보고 떨었던 견고한 성 여리고가 있습니다. 뒤에는 곡식을 거둘 철이 되어 강둑이 넘치는 요단강이 흐르고 있습니다. 우리 인생에도 이와 같이 사방이 가로막혀 있을 때가 있습니다. 어쩌면 그때가 바로 지금일지 모릅니다. 이때 우리가 가져야 할 신앙의 태도가 바로 '신앙의 배수진'입니다.

그러면 배수진을 친 신앙의 자세를 어떻게 견지해야 할까요?

첫째, '퇴로가 차단된 신앙'으로 살아야 합니다. 여호수아서 3장 15절은 "요단이 곡식을 거두는 시기에는 항상 언덕에 넘치더라."라고 기록되어 있습니다. 다시 말해, 이스라엘 백성의 앞에는 여리고성이, 뒤에는 넘치는 요단강이 흐르고 있습니다. 한마디로 '퇴로가 차단된 상태'입니다. 이렇게 이스라엘 백성은 퇴로를 완전히 차단당한 상태에서 "할례를 행하라!"는 하나님의 명령을 받았던 것입니다.

저는 대학 1학년 2학기 때, 캠퍼스에서 예수님을 만났습니다. 그해는 제게 있어서 인생의 B.C.와 A.D.의 분수령이 되는 해이기도 합니다. 제가 믿음 생활을 한지 꼭 1년이 지났을 무렵, 아버지께서 제가 예수 믿는 것을 아시고 강하게 제동을 거셨습니다.

"예수를 택하든지, 내 말에 순종하든지 하라!"

만약 아버지 말씀을 듣지 않고 계속 예수를 믿겠다고 하면 '학비'

캠퍼스 행전

를 모두 끊겠다는 것입니다. 저는 단호히 말씀드렸습니다.

"비록 그렇게 하실지라도 제 믿음을 포기하지 않겠습니다."

'효 · 불효'의 문제가 아니라 '생명'의 문제였습니다. 나는 결코 '예수'를 포기할 수 없었습니다. 그래서 결국 학비가 끊겼습니다. 하지만 그날부터 저는 '믿음의 배수진'을 쳤습니다. 일 년 후 아버지께서 제게 말씀하셨습니다.

"너만 예수 믿고, 가족들에게는 전도하지 마라!"

사랑하는 형제자매 여러분!

절체절명의 상황! 그때 우리는 결단해야 합니다. '퇴로가 차단되었을 때가 하나님의 기회'이기 때문입니다.

둘째, 불가능한 명령도 '순종'해야 합니다. 오늘 본문에서 여호수아에게 내린 명령은 바로 '할례를 행하라!'는 것입니다. 이 말씀은 어쩌면 '불가능한 명령'일 수 있습니다. 지금 이스라엘 앞에는 견고한 여리고성이 있습니다. 그들의 아버지 세대가 두려워했던 성입니다 (민수기 13장). 그리고 뒤로는 '넘치는 요단강'이 있습니다. 이제 퇴로는 차단되었습니다. 그런데 이 상황에서 하나님께서는 "할례를 행하라!"고 하십니다. 여러분은 창세기 34장에 있는 세겜 사건을 기억할 것입니다. 할례 후유증으로 고통당하던 세겜 남자들을 모두 죽인 사건입니다.

여기서 우리는 두 가지 중요한 사실을 알아야 합니다. 하나는, 하나님은 우리에게 가능한 명령을 내리실 필요가 없다는 것입니다. 그렇기에 하나님의 명령은 '믿음'으로만 할 수 있습니다. 또 다른 사실은 '하나님의 방법'과 '세상의 방법'은 다르다는 것입니다. 고린도전서 1장 25절은 이렇게 말합니다.

하나님의 어리석음이 사람보다 지혜롭고 하나님의 약하심이 사람보다 강하니라.

사랑하는 형제자매 여러분!

신앙은 바로 '불가능해 보이고', '무모해 보여도' 그것이 하나님으로부터 온 명령이라고 여겨지는 그 순간에 믿음으로 즉각 순종해야 합니다. 어떠한 상황 속에서도 하나님 말씀에 순종하는 저와 여러분이 되기를 주님의 이름으로 축원합니다.

셋째, '주님의 도우심을 확신'해야 합니다. 과연 이스라엘 백성은 넘치는 요단강을 건너고, 여리고성 앞에서 할례를 행할 때 두려움이 없었을까요? 이 세상에 그런 인생은 없습니다. 신앙은 두려움이 없는 것이 아니라, 두려움을 내려놓은 것입니다. 신앙은 부담감이 없는 것이 아니라, 거룩한 부담감으로 바꾸는 것입니다.

그러면 이스라엘 백성은 어떻게 그 두려움을 극복했을까요? 그것은 '하나님의 도우심에 대한 확신'이었습니다. 본문에 나오는 이스라엘 백성은 출애굽 2세대입니다. 그들은 하나님에 대한 경험이 있었습니다. 부모 세대로부터 하나님이 홍해를 어떻게 건너게 하셨는지, 광야에서 어떻게 입히고 먹이셨는지, 요단 동편에서 아모리 족속을 어떻게 멸하셨는지 똑똑히 듣고 보았습니다.

캠퍼스 행전

사랑하는 형제자매 여러분!

성도가 가져야 할 확신은 무엇입니까? 그것은 사도 바울이 고백한 확신 바로 그것입니다.

> 내가 확신하노니 사망이나 생명이나 천사들이나 권세자들이나 현재 일이나 장래 일이나 능력이나 높음이나 깊음이나 다른 어떤 피조물이라도 우리를 우리 주 그리스도 예수 안에 있는 하나님의 사랑에서 끊을 수 없으리라(롬 8:38-39).

이런 하나님에 대한 확신이 이스라엘 백성에게도 있었습니다. 그래서 그들은 넘치는 요단강으로 담대하게 나아갔고, 여리고 앞에서도 담대하게 할례를 행했습니다. 그들은 드디어 여리고를 정복했고, 나아가 '언약의 땅' 가나안을 정복했던 것입니다.

사랑하는 형제자매 여러분!

오늘의 결론은 이것입니다. 신앙은 '영적 전쟁'입니다. 전쟁은 여호와께 속한 것입니다. 따라서 여호와의 전쟁은 '두 가지 전제 조건'이 따릅니다. '하나님을 의지하는 것'과 '믿음으로 순종하는 것'입니다. 바로 앞에는 태산이 있고, 뒤에는 넘치는 강이 있어서 의지할 곳은 오직 한 분 예수 그리스도 밖에 없을, 바로 그때 그분에 대한 확신으로 서는 것이 신앙입니다.

신앙의 배수진을 치고 살아가는 믿음의 제자! 날마다 그 믿음으로 승리하는 제자가 되기를 주님의 이름으로 축복합니다.

'거룩'은 몸부림이다

얼마 전에 메일로 이런 내용의 설문지가 왔습니다.

1. 당신은 스스로 깨끗한 그리스도인이라고 생각하십니까?
2. 당신은 예수님을 믿지 않는 사람들과 비교해서 그래도 정직하다고 생각하십니까?
3. 당신의 성실성과 신용도는 어느 정도라고 생각하십니까?

이 질문에 그 어느 것 하나 자신 있게 "예! 그렇습니다."라고 답하지 못했습니다.
런던대학교의 테스커 교수는 이런 말을 했습니다.

제자들은 도덕적 기준이 낮고, 계속하여 변하거나, 아니면 아예 그 도덕적 기준이 존재하지 않는 세상에서 도덕적 살균제로 부르심을 받은 사람들이다.

저는 매일 기도할 때마다 저 자신을 위해 드리는 '기도 제목 두 가

캠퍼스 행전

지'가 있습니다. '거룩함'과 '충성됨'입니다. '거룩함'은 '천국 백성으로서 마땅히 살아야 할 태도'이며, '충성됨'은 '주의 종으로서 마땅히 가져야 할 태도'이기 때문입니다. 지금 점수로 본다면, 모두 낙제입니다. 성도로서도, 주의 종으로서도 많이 부족합니다. 특히 '거룩한 삶을 사는 것'이 '충성된 삶을 사는 것'보다 훨씬 어려운 것 같습니다.

그러면 우리가 거룩한 삶을 살아야 할 이유는 무엇일까요?

첫째, 우리는 '하나님의 성전'이기 때문입니다. 지금은 많이 교정이 되었지만, 아직도 한국 교회에 잘못된 인식이 있습니다. 바로 '성전', '교회', '예배당'에 대한 개념입니다. 신약에 건물로서의 성전은 없습니다. 신약의 성전은 바로 예수 믿는 우리입니다. 거룩함은 '성별'입니다. '거룩'은 히브리어로 '코데쉬'입니다.

너희 몸은 너희가 하나님께로부터 받은 바 너희 가운데 계신 성령의 전인 줄을 알지 못하느냐 … 그런즉 너희 몸으로 하나님께 영광을 돌리라(고전 6:19–20).

또한 너희 지체를 불의의 무기로 죄에게 내주지 말고 오직 너희 자신을 죽은 자 가운데서 다시 살아난 자 같이 하나님께 드리며 너희 지체를 의의 무기로 하나님께 드리라(롬 6:13).

그렇습니다. 이것이 바로 하나님의 성전인 우리가 거룩하게 살아야 할 태도입니다.

둘째, 우리는 '하나님의 거룩한 백성'이기 때문입니다.

다음은 제가 어느 목사님의 설교문을 읽다가 가슴에 크게 와 닿았던 부분입니다.

세상 사람들이 우리가 부정한 것을 멀리할 때, 왜 그렇게 사느냐고 물으면 "우리 하나님 아버지가 거룩하시기 때문이다."라고 말해야 합니다. 세상 사람들이 아무 죄의식 없이, 아무 갈등 없이 서슴지 않고 짓는 죄를 우리가 끔찍하게 여길 때, 사람들이 물으면 "우리 하나님이 거룩하신 분이라 우리도 거룩하게 살아야 한다."라고 말해야 합니다. 우리가 거룩하게 살아야 하는 것은 세상 사람보다 탁월해서가 아니라, 오직 하나님의 백성이기 때문입니다.

초대교회의 유명한 교부 터툴리안은 이렇게 말했습니다.

우리는 발걸음을 앞으로 옮길 때마다, 들어가고 나갈 때마다, 옷을 입고 신발을 신을 때마다, 목욕을 하거나 식탁에 앉을 때마다, 등잔불을 켤 때나, 침상에서나 좌석에서나 매일의 일상 가운데 이마에 십자가를 그렸다.

왜 그랬을까요? 그것은 예수 그리스도의 구원의 은혜를 잊지 않기 위해서입니다.

캠퍼스 행전

셋째, 우리는 '하나님의 심판을 기억'하기 때문입니다. 우리가 인격적으로 예수 그리스도를 영접했고 구원의 확신이 있다면, 우리는 '하나님의 심판'과 관계없는 사람입니다. 하지만 우리는 반드시 '하나님의 심판'을 기억하며 살아야 합니다.

그렇다면 우리는 어떤 자세로 종말적 삶을 살아야 할까요? 우리가 거룩한 삶을 추구하려면 성령을 좇아 행해야 합니다. '성령 충만한 삶'이 곧 '거룩한 삶'입니다.

> 내가 이르노니 너희는 성령을 따라 행하라 그리하면 육체의 욕심을 이루지 아니하리라(갈 5:16).

사랑하는 형제자매 여러분!

거룩은 몸부림입니다. 물론 몸부림으로 거룩한 삶을 살 수는 없습니다. 하지만 우리가 몸부림치지 않으면 죄의 요구대로 살아갈 수밖에 없습니다. 그래서 하나님의 말씀과 깊이 씨름하고, 하나님 앞에 무릎 꿇어 기도해야 합니다.

거룩한 삶이 곧 믿음의 명백한 증거다(칼 바르트).

신앙은 정탐이 아니라 정복이다

민수기 13-14장은 구약에서 아주 유명한 12정탐꾼 이야기가 나오는 장입니다. 이스라엘의 가나안 정탐이 우리에게 주는 교훈은 이렇습니다.

첫째, 신앙은 '전략적 선택'이 아니라 '믿음을 선택하는 것'이라는 사실입니다. 저는 오랫동안 이것이 궁금했습니다. 하나님께서 과연 가나안 '정찰'을 허락하셨을까? 결론적으로 말하자면, 가나안 정찰은 필요 없었습니다. 하나님이 이스라엘 백성들을 구름기둥과 불기둥으로 인도하고 계셨기 때문입니다.

그런데 이스라엘 백성은 왜 굳이 가나안 정찰을 했을까요? 그 답이 바로 신명기 1장 22-23절입니다. 바로 그들의 불신앙 때문이었습니다. 그렇습니다. 이스라엘 백성이 먼저 가나안을 정탐하겠다고 했습니다. 그들은 신앙이 아니라 군사전략적 선택을 했습니다.

사랑하는 형제자매 여러분!

신앙은 전략적 선택이 아니라 믿음의 선택임을 잊지 마십시오. 우리가 세상이라는 광야를 걸어갈 때, 하나님의 뜻이 분명하다면 이스라엘 백성들처럼 정탐꾼을 보내 앞뒤 재거나 좌고우면하지 말고, 오직 믿음으로 전진하는 제자들이 되기를 주님의 이름으로 축원합니다.

둘째, 신앙은 '다수의 편'이 아니라 '하나님 편'에 서는 것입니다.

40일 동안 가나안 정탐을 마치고 돌아온 12정탐꾼의 보고는 나뉘었습니다. 우리가 잘 아는 대로 여호수아와 갈렙 그리고 나머지 10명의 의견이 갈린 것입니다. 먼저 갈렙의 보고는 이랬습니다.

갈렙이 모세 앞에서 백성을 조용하게 하고 이르되 우리가 곧 올라가서 그 땅을 취하자 능히 이기리라 하니(민 13:30).

하지만 그와 함께 올라갔던 다른 사람들의 보고는 달랐습니다.

우리는 능히 올라가서 그 백성을 치지 못하리라 그들은 우리보다 강하니라(민 13:31).

이스라엘 백성들은 12정탐꾼의 보고에 민감했습니다. 보고가 끝나자 예상했던 대로 술렁이기 시작했습니다. 이 비관적 보고에 충격을 받았습니다. 갑자기 두려움과 공포가 몰려왔습니다.

이에 서로 말하되 우리가 한 지휘관을 세우고 애굽으로 돌아가자 하매(민 14:4).

당황한 여호수아와 갈렙이 급히 나섰습니다.

우리가 두루 다니며 정탐한 땅은 심히 아름다운 땅이라 … 그 땅 백성을 두려워하지 말라 그들은 우리의 먹이라(민 14:7-9).

하지만 이미 수습하기 어려운 상황이 되었습니다.

여기서 우리가 다시 생각해야 할 것은 '다수결 원칙'의 함정입니다. 다수결 원칙은 민주주의 제도에서 중요한 원리 중 하나입니다. 하지만 그것이 언제나 옳은 것은 아닙니다. 그럼에도 다수결 원칙은 '존중'되어야 합니다.

그러면 다수결 원칙이 성경적일까요? 엄밀히 말해서, 비성경적입니다. 그렇다면 성경적인 것은 무엇입니까? 엄밀히 말해서, 그것은 '하나님 독재'입니다. 다른 말로, '하나님 주권'입니다.

사랑하는 여러분께 제가 그동안 수없이 강조한 말씀이 있습니다.

여호와의 구원은 사람이 많고 적음에 달리지 아니하였느니라(삼상 14:6).

그렇습니다. 우리는 '다수'에 속지 말아야 합니다. 신앙은 다수결이 아니라 '하나님 독재'입니다.

그렇다면 우리는 어떻게 해야 할까요? 우리는 세상에서 광야를 지나갈 때, 군중의 소리에 귀 기울이지 말고 하나님의 세미한 음성에 민감해야 합니다. 우리는 다수결이 아니라 '하나님의 독재'를 기뻐해야 합니다. 왜냐하면 '하나님의 독재'는 완전하기 때문입니다.

셋째, 신앙은 '현실 도피'가 아니라 믿음으로 '정면 돌파'하는 것입니다. 일부 설교자들이 메시지 중에 '긍정 마인드'를 이야기합니

캠퍼스 행전

다. '긍정 마인드'와 신앙은 어떤 관계가 있을까요? 성경 어디에 성도들이 긍정 마인드를 가져야 한다고 적혀 있습니까? 여호수아와 갈렙은 '긍정 마인드'를 가진 사람입니까? 그들은 '긍정 마인드'가 아니라 '믿음'을 가진 사람들입니다. 성경은 어디에도 긍정 마인드를 가지라고 하지 않습니다. 오직 믿음으로 살라고 말씀합니다.

그러면 12정탐꾼의 운명은 어떻게 되었습니까? 암울한 현실 너머에 계신 주님을 바라보았던 여호수아와 갈렙만 가나안 땅을 밟았습니다. 우리는 근거 없는 믿음을 가진 사람이 아닙니다. 하나님의 언약은 반드시 성취됩니다. 그것은 우리가 믿고 안 믿고는 전혀 상관이 없습니다. 토마스 아퀴나스는 이런 말을 했습니다.

믿음이 있는 사람에게는 어떠한 설명도 필요 없다. 믿음이 없는 사람에게는 어떠한 설명도 불가능하다.

그래서 히브리서 기자는 우리에게 이렇게 조언합니다.

믿음이 없이는 하나님을 기쁘시게 하지 못하나니 하나님께 나아가는 자는 반드시 그가 계신 것과 또한 그가 자기를 찾는 자들에게 상 주시는 이심을 믿어야 할지니라(히 11:6).

신앙은 현실 도피가 아니라 믿음으로 정면 돌파하는 것임을 잊지 마시기 바랍니다.

사랑하는 형제자매 여러분!

신앙은 정탐이 아니라 정복입니다. 하나님은 가나안을 정탐하라고 우리를 보내신 것이 아니라 정복하라고 보내신 것입니다! 저와 여러분은 이 시대 여호수아와 갈렙으로 살아야 합니다.

"세상은 우리의 먹이다!"

이렇게 선포하고 광야를 진군하는 성도가 되시기를 주님의 이름으로 축원합니다.

2017.06.01.

나를 본받는 자 되라

내가 그리스도를 본받는 자가 된 것 같이 너희는 나를 본받는 자가 되라(고전 11:1).

사랑하는 형제자매 여러분!

세상에서 가장 무서운 사람이 누군지 아십니까? 결심한 대로 사는 사람입니다. 언행이 일치하는 사람입니다. 자신을 본받으라고 하는 사람입니다. 그 대표적인 사람이 바로 사도 바울입니다.

"나는 예수 그리스도를 본받아 살고 있다. 그러니 여러분도 나를 본받으라."

사도 바울은 어떤 사람입니까? '4성 영성, 지성, 인성, 야성을 갖춘 사람'입

캠퍼스 행전

니다. 저는 오늘 우리가 본받아야 할 사도 바울의 신앙과 인격, 즉 그리스도의 제자가 갖추어야 할 4성에 대하여 말씀을 전하고자 합니다.

첫째, 영성입니다. 영적 싸움은 보이지 않는 전쟁이고, 피 흘리지 않는 전쟁이며, 목숨을 건 전쟁입니다. 바울은 서신서에서 우리에게 "마귀의 간계를 능히 대적하기 위하여 하나님의 전신 갑주를 입으라(엡 6:11)."고 권면합니다. 이는 우리 믿음의 삶이 영적 전투라는 것입니다. 사탄은 보이지 않는 존재입니다. 사도 바울은 그 보이지 않는 존재에 대하여 통찰한 사람이었습니다.

바울은 그 사탄의 정체를 분명히 밝혔습니다. 그는 사탄이 맹수벧전 5:8, "우는 사자", 광명한 천사 고후 11:14, 주로 진리를 가장한 이단들와 간교한 뱀 창 3:1, 인간의 말초 신경을 자극하여 각종 쾌락의 유혹하는 존재 의 모습으로 나타난다고 했습니다. 영성의 핵심은 영적 분별력입니다. 따라서 우리는 성령의 세미한 음성에 항상 귀 기울여야 합니다. 그리고 하나님의 음성에 민감하게 반응해야 합니다.

바울의 삶과 사역 전반은 '성령에 이끌려 사는 삶'이었습니다.

'성령'이 아시아에서 말씀을 전하지 못하게 하시거늘 … 밤에 환상이 바울에게 보이니 마게도냐 사람 하나가 서서 그에게 청하여 이르되 마게도냐로 건너와서 우리를 도우라 하거늘 바을이 그 환상을 보았을 때 우리가 곧 마게도냐로 떠나기를 힘쓰니 이는 하나님이 저 사람들에게 복음을 전하라고 우리를 부르신 줄로 인정함이러라(행 16:6-1○).

성령에 민감하지 않고는 결코 이해할 수 없는 일입니다.

그렇습니다. 영적 분별력은 영적 전투에서 기본입니다. 사도 바울의 사역 기초는 그의 영성이었습니다. 우리도 영적 분별력이 있는 제자, 성령이 충만한 제자, 성령에 민감한 제자, 성령의 이끌림을 받는 예수 그리스도의 제자가 되기를 주님의 이름으로 축원합니다.

둘째, 지성입니다. 말씀의 무지를 꼬집는 유머가 있습니다.

한 목사님이 어느 교회학교 설교를 하게 되었습니다. 목사님은 설교 전에 성경 실력을 알아보려고 어린이들에게 질문했습니다.

"여러분, 누가 여리고성을 무너뜨렸습니까?"

그러자 한 소년이 손을 내저으며 대답했습니다.

"목사님, 저는 그 성을 부수지 않았는데요. 전 정말 모르는 일입니다."

그때 교회학교 교사가 당혹스런 표정으로 말했습니다.

"목사님, 저 학생은 정말 착한 아이입니다. 절대 거짓말을 할 아이가 아닙니다."

정말 이런 유머가 오늘 우리 교회 현실과 무관할까요? 저는 앞에서 우리의 싸움이 영적 전투이기 때문에 영성을 가져야 한다고 말씀드렸습니다.

그렇다면 영적 전투에서 가장 중요한 것은 무엇입니까? 사도 바울은 그것을 바로 '영적 무기인 말씀'이라고 했습니다.

캠퍼스 행전

구원의 투구와 성령의 검 곧 하나님의 말씀을 가지라(엡 6:17).

사랑하는 여러분!

하나님의 말씀을 제대로 알지 못하면 어떤 일이 일어나는지 아십니까? 젊은 날, 성경을 읽다가 예수 그리스도께서 십자가에 죽은 것을 보고 '예수는 실패한 메시아'라면서, 자신을 '하나님께서 다시 보내신 메시아'라며 교주가 된 사람이 있는가 하면, 어떤 교주는 자신이 '보혜사'라고 공공연히 말하기도 합니다. 이 말도 안 되는 일들이 어떻게 일어날까요? 그것은 영적 무지 때문입니다. 다시 말해서, 말씀에 대한 '지성'의 결핍 때문입니다.

사랑하는 여러분!

제가 몇 가지 묻겠습니다. '예수'의 뜻이 무엇입니까? '거듭남'이 무슨 뜻입니까? '하나님의 의'는 무슨 의미입니까? '대속', '속량', '구원', '영생'은 무엇입니까? 이것들을 신학생만 알아야 할 교리로 생각하면 정말 잘못 생각하는 것입니다.

다시 묻겠습니다. 여러분은 성경을 얼마나 읽고 있습니까? 성경을 바로 알지 않고 믿음 생활을 하는 사람은 무사가 벼리지 않은 칼을 허공에 휘두르는 것과 같습니다. 영성과 지성을 갖춘 그리스도의 제자가 되기를 주님의 이름으로 당부합니다.

셋째, 야성입니다. 이런 이야기가 있습니다.

동물원에서 아기 낙타가 어미 낙타에게 물었습니다.

"아빠! 왜 우리는 등에 혹이 있어?"

"응, 사막을 다닐 때 목마르면 마시도록 하는 물 저장소야."

"그러면 왜 눈썹은 긴 거야?"

"응, 사막의 모래바람을 막아 주기 위해 조물주가 만드신 거야."

그러자 아기 낙타가 아빠 낙타에게 물었습니다.

"그런데 왜 우리는 여기 있는 거야?"

"…."

과거에는 '짐승남', '근육남', '야성적인 남자'가 인기였습니다. 하지만 세월이 아무리 흘러도 그리스도의 제자는 '야성'이 생명입니다.

"한국 교회를 지탱해 왔던 야성野性과 역동성이 점점 떨어지고 있습니다. 청계산 등 전국에 있는 기도원마다 밤에 기도를 얼마나 많이 했는지 아십니까? 삼각산 돌들이 반들반들해질 정도였습니다. 그러나 지금은 어떻습니까? 그곳은 지금 잡초들만 무성합니다."

오래 전 서울의 어느 목사님의 말입니다. 한마디로 한국 교회가 '역동성'과 '야성'을 상실해 가고 있다는 것입니다.

사랑하는 형제자매 여러분!

이 야성 상실의 시대! 우리는 어떻게 살아야 합니까? '영성', '지성'과 함께 '야성'을 가져야 합니다. 야성을 갖는다는 것은 야전성을 갖는다는 말입니다. 야전성은 무엇입니까? 그것은 바로 '광야 정신'입니다. 우리는 온실의 화초가 아니라 광야에서 믿음의 거목이 되어야 합니다. 우리는 치열한 영적 광야에서 그리스도의 전사이어야 합

캠퍼스 행전

니다. 우리 모두 그리스도의 전사로 거듭나기를 주님의 이름으로 축원합니다.

넷째, 인성입니다. 오늘날 한국 교회가 무너졌다고 합니다. 저는 바로 이 '인성' 때문이라고 생각합니다. 예수 믿고 구원 받았다고 '아멘', '할렐루야' 하면서 세상 사람브다 더 인색하고, 불성실하고, 불경건한 삶을 살기 때문입니다. 목사라고 해서 믿었고, 장로라고 해서 믿었고, 집사라고 해서 믿었는데, 그가 거의 사기꾼이었다면 이런 이야기를 듣는 불신자가 어떻게 생각하겠습니까? 억울하지만 오늘날 세상이 보는 교회의 아픈 현실입니다.

사랑하는 형제자매 여러분!

'신앙'만큼 중요한 것이 '인성인격'입니다. 바울은 고린도교회 성도에 대하여 "육신에 속한 자", 즉 영적 어린아이라고 책망했습니다. 영적 어린아이란 '영적으로 미성숙'한 것을 말합니다. 사도 바울이 고린도교회에 하고 싶었던 말은 이것입니다. "너희가 예수 믿은 지 벌써 수년, 수십 년이 되었는데 어찌하여 아직도 영적 어린아이냐? 도대체 언제까지 그렇게 영적 앉은뱅이처럼 살 것이냐?"라는 책망입니다.

그러면 사도 바울의 인격은 어떠했습니까? 그것은 빌레몬서에 잘 나타나 있습니다. 바울은 지금 로마 감옥에 투옥된 상태입니다. 그 감옥에서 죄인 '오네시모'라는 사람을 만나 전도하여 제자를 삼았습니다. 알고 보니 오네시모는 골로새교회의 일꾼이자, 제자 빌레몬의 종이었습니다. 이때 빌레몬에게 편지를 씁니다.

나 바울은 갇힌 중에 얻은 믿음의 아들 오네시모를 위해 그대에게 부탁합니다. 그가 전에는 그대에게 쓸모없는 사람이었으나 이제는 그대와 나에게 필요한 사람이 되었습니다. 그래서 내 심장과 같은 그를 그대에게 돌려보냅니다. 나는 기쁜 소식을 위해 내가 갇혀있는 동안 그를 내 곁에 두고 그대를 대신해서 나를 돕게 하고 싶었습니다. 그러나 나는 그대의 승낙 없이는 아무것도 하고 싶지 않습니다(몬 1:10-14, 현대인의 성경).

이것이 사도 바울의 인격입니다. 예수 믿고 구원 받으면 모든 것이 끝나는 것이 아닙니다. 대신 관계와 대인 관계는 분리된 것이 아닙니다. 신앙과 인격은 별개가 아니라는 말입니다. 잘못된 인격을 가진 사람이 예수를 믿으면 고등 사기꾼이 되는 것입니다. 우리가 사도 바울의 인격적 신앙을 본받아야 하는 이유입니다.

'감동'을 넘어 '행동'하라

사랑하는 형제자매 여러분!

수련회와 우리 땅 밟기 승리를 축하합니다. 돌이켜 보면 열악했던 수련회장! 잠자리와 벌레들, 무더위와 폭우 속에서의 4박 5일! 그러나 4일간의 말씀과 그 뜨거웠던 기도! 전국의 동역자들과 나눈 깊은 교제는 지금도 우리의 가슴을 뛰게 합니다. 특히, 몇몇 지체의 수련회 간증과 고백은 영원히 잊지 못할 것입니다.

연이은 3박 4일간의 국토 순례 전도! 어떤 팀은 정자에서 노숙하듯 잠을 자야 했고, 어떤 팀은 차디찬 초등학교 교실에서 밤을 새야 했던 일들! 어떤 팀은 이틀간 밥 한 끼를 먹고서도 기뻐하며 간증하던 모습들을 지금도 잊을 수가 없습니다.

"지금까지 20년 동안 신앙생활 했는데, 처음으로 전도했다!"
"우리 팀에는 3무가 있었다. 길을 잃어버린 적이 없고, 지체들 간 갈등을 빚은 적이 한 번도 없고, 힘들어 하는 지체가 한 사람도 없었다."
"지체들의 섬김 속에서 큰 은혜를 받았다."
"굶을 각오, 고난 받을 각오, 죽을 각오를 하고 전도 순례에 임했다."
"기도 응답이 많았다. 기도는 구체적으로 해야겠다는 것을 느꼈다."
"체력이 약해서 출발 전 염려했는데, 주님께서 모두 책임져 주셨다."
"팀장의 리더십에 큰 은혜와 도전을 받았다."

이 모든 고백은 여러분의 입을 통해 나온 것입니다.
사랑하는 형제자매 여러분!
이제 냉정하고 냉철한 마음을 가져야 할 시간입니다. 수련회장의 하나님과 우리 땅 밟기의 하나님이 바로 지금 내 삶의 현장에 함께 계시다는 사실을 잊지 말아야 합니다. 지금 우리는 갈멜산 위가 아닌 산 아래에 있습니다 왕상 18-19장. 진정한 영적 싸움은 바로 이제부터입니다. 본선에서도 승리하는 여러분이 되시기 바랍니다. 그리고 수련회 마지막 날 들은 파송 메시지를 기억하십시오.

첫째, 뜻을 세워 사십시오. 에스라가 '말씀을 연구하고 준행하고 가르칠 것을 결심'했던 것처럼, 여호수아가 '나와 내 집은 여호와만 섬기겠다.'고 했던 것처럼, 룻이 '어떤 경우에도 시어머니와 시어머니의 하나님을 섬기겠다.'라고 결단했던 것처럼 말입니다.

둘째, 신앙의 '야성'을 가지십시오. 성도는 기도원이나 수련원으로 보냄을 받지 않았음을 명심하십시오. 성도가 있어야 할 자리는 그곳이 아닙니다. 바로 '세상'이며 '광야'가 우리의 설 자리입니다. '온실의 화초'가 아니라 '광야의 거목'으로 사십시오.

사랑하는 형제자매 여러분!

이제 긴 여름방학이 시작됩니다. 하지만 방학 후에 각자의 열매는 서로 다를 것입니다. 수련회의 은혜와 감동! 이제 삶으로 나타낼 때입니다. '감동'을 넘어 '행동'하십시오. 갈멜산 위의 승리가 광야에서의 승리로 이어지기를 주님의 이름으로 축원합니다.

2017.02.19.

광야에서 믿음의 거목이 되라

오늘은 매우 아쉽고도 뜻깊은 날입니다. 지난 수년간 주와 복음을

캠퍼스 행전

위해 동역하던 동역자들이 이제 세상으로 파송 받는 날이기 때문입니다. 선교단체에 들어온 그날부터 지금까지 얼마나 많은 갈등이 있었겠습니까? 그래서 이 자리에 있는 여러분들의 모습은 예사롭지 않습니다. 그리고 그동안 사역자들이 힘들고 지칠 때마다 곁에서 힘이 되어 주어 고맙습니다.

사랑하는 졸업생 여러분!

여러분은 이제 세상이라는 광야로 나갑니다. 하지만 지금 광야는 무척 춥습니다. 지금까지 여러분은 온실의 화초였습니다. 이제 이 추운 광야로 나가야 합니다. 광야는 '사탄의 공격'이 있는 영적 전투의 장소이자, '하나님의 보호'가 있는 장소입니다.

여러분은 세상이라는 광야에서 어떻게 승리할 수 있습니까? 이제는 '온실 속의 화초가 아니라 광야의 거목'이 되어야 합니다. 그러면 광야에서 믿음의 거목이 되려면 어떻게 해야 할까요?

첫째, '하나님의 도성을 바라보는 삶'을 살아야 합니다(느 1:1-5). 남자들은 군에 가 보면 이 세상이 얼마나 추운지 잘 압니다. 제게도 그런 시절이 있었습니다. 장교 후보생 시절, 제가 외롭고 힘들었던 그 시절에 불렀던 찬송은 바로 "순례자의 노래"입니다. 지금도 가끔 혼자 이 노래를 부릅니다. 순례자가 선 땅이 바로 광야입니다.

저 멀리 뵈는 나의 시온성 오 거룩한 곳 아버지 집
내 사모하는 집에 가고자 한밤을 서웠네

저 망망한 바다 위에 이 몸이 상할지라도
오늘은 이곳 내일은 저곳 주 복음 전하리

아득한 나의 갈길 다가고 저 동산에서 편히 쉴 때
내 고생하는 모든 일들을 주께서 아시리
빈들이나 사막에서 이 몸이 곤할지라도
오 내 주 예수 날 사랑하사 날 지켜 주시리

느헤미야는 페르시아라는 광야에서 살았던 믿음의 거목입니다. 그는 이국땅에서도 '하나님의 도성'을 바라보고 살았던 사람입니다. 비록 포로로 페르시아의 중요한 관직을 얻었지만, 그의 주된 관심사는 늘 예루살렘 성전에 있었습니다. 그는 사로잡힘을 면하고 남아 있는 자들이 그 지방 거기에서 큰 환난을 당하고 능욕을 받으며, 예루살렘 성은 허물어지고 성문들은 불탔다 하는 소식을 듣고 앉아 울었습니다. 수일 동안 슬퍼했습니다. 하늘의 하나님 앞에 금식하며 기도했습니다. 우리가 성경을 그냥 읽어 나갈 때에는 당연히 다 좋은 말이고, 은혜가 되는 말씀이라고 생각하지만, 생각해 보면 대단한 사람입니다. 150년 전에 포로로 끌려간 3~4세 포로민이 한 번도 보지 못한 성전을 향해 갖는 이러한 관심은 아무리 생각해도 잘 이해가 가지 않는 일입니다.

역사적으로 이런 사람은 많이 있습니다. 예컨대, 페르시아의 총리가 되었던 다니엘입니다. 그는 '하나님의 도성'을 바라보고 살았던 하

캠퍼스 행전

나님의 사람입니다. '하나님의 도성'은 구약에서 예루살렘의 성전을 상징하지만, 신약에서는 하늘의 보좌 우주 가운데 충만하신 하나님, 내주하시는 하나님 에 계신 주님을 의미합니다. 다시 말하면, '하나님 중심'의 삶입니다.

하나님 중심의 삶은 무엇입니까? '하나님 앞에서 코람데오'의 삶입니다. 즉, 여러분이 어딜 가든지 어디 있든지 하나님 앞에서의 삶을 살라는 것입니다. 하나님 앞에서의 삶은 '거룩한 삶'이고, '충성된 삶'이며, '부끄러움이 없는 삶'입니다.

사랑하는 졸업생 여러분!

광야에서 승리하는 삶의 비결은 바로 '성전 되신 예수 그리스도를 바라보는 삶'입니다. 광야에서 믿음의 주요 온전케 하시는 예수 그리스도를 바라보며 살기 바랍니다.

둘째, '세상에서도 인정받는 저자의 삶'을 살아야 합니다(느 2:1-8)

느헤미야는 예루살렘이 훼파되었다는 소식을 듣고 깊은 시름에 잠깁니다.

아닥사스다 왕 제이십년 니산월에 왕 앞에 포도주가 있기로 내가 그 포도주를 왕에게 드렸는데 이전에는 내가 왕 앞에서 수심이 없었더니 왕이 내게 이르시되 네가 병이 없거늘 어찌하여 얼굴에 수심이 있느냐(느 2:1-2).

왕에게 아뢰되 … 나를 유다 땅 나의 조상들의 묘실이 있는 성읍에 보내어 그 성을 건축하게 하옵소서(느 2:5).

놀라운 믿음의 용기입니다. 왕은 느헤미야의 요청에 즉석에서 두 달간의 휴가를 허락합니다. 이런 일이 어떻게 일어날 수 있을까요? 그것은 평소 느헤미야의 삶을 통한 선한 영향력입니다. 이렇게 세상에서 선한 영향력을 미친 사람은 많습니다. 성경은 에스라에 대하여 이렇게 기록하고 있습니다.

왕(페르시아 왕)에게 구하는 것은 다 받는 자이더니(스 7:6).

다니엘이 대적들의 모함에 걸려 사자 굴에 던져졌을 때, 가장 안타까워했던 사람은 바로 페르시아 고레스왕이었습니다. 그는 평소 다니엘에 대한 특별한 신뢰가 있었습니다.

여기서 주목할 것은 느헤미야, 에스라, 다니엘 모두 이스라엘 포로민으로서 이민족의 핵심에서 인정받은 유력한 사람이라는 것입니다. 그러면 어떻게 그들이 세상에서 인정받는 사람이 되었을까요? 그것은 그들의 신앙과 인격이 믿음을 주었기 때문입니다. 이들은 모두 광야의 믿음의 거목이었습니다.

많은 사람이 눈앞의 이익에 눈이 멀어 현실과 타협합니다. 그리스도인도 마찬가지입니다. 하지만 앞에 나열한 인물들은 모두 세상에 속했지만, 세상에 속한 자들이 아니었습니다. 그들은 세상의 빛이었고, 그리스도의 향기였습니다.

사랑하는 졸업생 여러분!

힘들겠지만 세상과 타협하지 마십시오. 세상의 빛으로 사십시오.

캠퍼스 행전

그리고 세상 광야에서도 인정받는 하나님의 사람이 되십시오.

이제 말씀을 맺습니다.

사랑하는 졸업생 여러분!

지금껏 여러분은 온실의 화초로 자라왔습니다. 캠퍼스는 온실과 다름없는 곳입니다. 하지만 광야는 전혀 다른 환경입니다. 광야에는 길이 없습니다. 그 때 주님의 손을 꼭 잡고 가시기 바랍니다. 광야에서 주님은 우리의 생명줄입니다. 주님만이 우리의 길이며, 우리 인생의 향도嚮導라는 사실을 명심하기 바랍니다.

사랑하는 졸업생 여러분!

광야에서 하나님의 도성을 바라보며 사십시오. 광야에서도 인정받는 그리스도의 제자가 되십시오. 그리고 광야에서도 믿음의 거목으로 사십시오.

세상의 광야로 출발하는 여러분을 주님의 이름으로 축하하고 축복합니다.

2016.09.22.

방관자로 살지 말라

오바댜서 1장 10-14절을 중심으로 "방관자로 살지 말라!"는 제목으로 말씀을 전하겠습니다.

야곱과 에서는 바로 형제간입니다. 오바댜서는 그 후손간의 비극적인 역사와 관련이 있습니다. 야곱의 후손은 이스라엘이며, 에서의 후손은 에돔입니다. 오바댜서는 바로 에돔의 멸망을 선포한 선지서입니다.

B.C. 586년, 이스라엘은 바벨론의 3차에 걸친 침공 끝에 마침내 함락되고 맙니다. 이 과정에서 형제 된 에돔은 '방관'했습니다. 아니, 방관을 넘어 형제의 멸망에 협조했습니다. 하나님은 이를 간과하지 않으시고, 오바댜라는 선지자를 통해 '엄중심판'을 선포하셨습니다. 선지서 대부분에는 심판과 회복의 메시지가 동시에 나옵니다. 하지만 오바댜서에는 에돔의 회개를 촉구하는 메시지가 없습니다. 그만큼 에돔의 죄가 중했다는 말입니다.

11-13절에는 '방관'이라는 단어가 세 번 반복해서 나옵니다. 형제가 멸망당할 때, 에돔은 '방관'했다는 것을 명확히 지적하고 있는 것입니다. 에돔의 악행은 심판을 받아 마땅했습니다. 결국 에돔은 B.C. 586년에 하나님의 심판을 받아 멸망합니다.

그러면 본문이 우리에게 주는 교훈은 무엇입니까?

첫째, '주님의 일'에 방관하지 마십시오. 에돔은 이스라엘이 멸망할 때 방관자였습니다. 하지만 성경에는 하나님의 일에 방관할 수 없어서 '의연히' 일어난 분이 많습니다. 대표적인 사람이 바로 다윗입니다. 그는 골리앗 앞에서 하나님이 모욕당하는 것을 도저히 참을 수 없었습니다. 다윗의 이 의분은 곧 하나님을 향한 사랑이었습니다.

캠퍼스 행전

기독교를 모욕하는 영화 "다빈치 코드"가 상영된다는 소식에, 인천의 어느 교회 목사님이 영화관 앞에서 1인 시위를 했습니다. 벌써 오래된 이야기지만, 저는 당시 그분이 한 말을 지금도 기억합니다.

"나는 예수님을 욕보이는 것을 참을 수가 없었다."

그 목사님은 예수님이 모욕을 당하는 것을 방관하지 않았습니다.

사도 바울은 예수님의 심장을 가진 사람입니다. 그래서 그는 평생을 이 복음을 위해 살기로 작정합니다. 그는 로마에 보내는 편지에서 자신을 '빚진 자'라고 말합니다. 이렇게 복음에 방관할 수 없어서 일어선 분이 많습니다. 세계 각지에 나가 있는 선교사들이 그렇습니다. 저는 여기에 모인 여러분도 그런 사람들이라고 믿습니다.

지난 9일, 서울 마포에 있는 원룸에서 시커먼 불길이 치솟았습니다. 이별을 통보한 여자 친구에게 격분한 20대 남성이 홧김에 불을 질렀습니다. 가장 먼저 119에 신고한 이는 이 건물 4층에 살던 28살 청년 안치범 씨입니다. 자신은 안전하게 빠져 나왔지만, 너무 이른 새벽이라 불이 난 것도 모르고 단잠을 자고 있을 이웃들을 깨우려고 다시 들어갑니다. 덕분에 모두 안전하게 건물을 빠져나왔지만, 그는 5층 계단에서 유독가스에 질식해 쓰러진 채 발견되었습니다. 그 청년은 이웃의 위험 앞에 자기 처지를 살피지 않은 '의로운 바보'였습니다.

이 이야기는 바로 '우리' 이야기입니다. 예수 그리스도는 우리에게

바로 이 안치범 청년과 같은 일, 즉 우리를 살리기 위해 십자가를 지
셨습니다.

사랑하는 형제자매 여러분!

복음의 방관자로 살지 마십시오. 우리가 예수님으로 말미암아 생
명을 얻었다면, 이제 우리는 결코 예수님의 일에 방관자로 살아서는
안 됩니다.

둘째, '공동체의 일'을 방관하지 마십시오. 공동체의 일은 곧 '나'
의 일이며, '우리'의 일입니다. 우리가 속한 공동체는 가족 공동체를
중심으로 교회 공동체, DFC 공동체, 학교 공동체, 민족 공동체 등이
있습니다. 지금 수원여자대학교는 축제 기간을 맞아 너깃을 판매하
고 있습니다. 어제도 오늘도 모두 오전에 매진되었다고 합니다. 어제
는 아주대학교 진수 형제가, 오늘은 아침부터 나영 자매가 도왔습니
다. 오후에는 한세대학교 인환 형제도 함께했습니다. 특히, 나영 자매
는 호객 행위(?)를 가장 열심히 했습니다. 수원여자대학교의 모든 지
체들과 더불어 주님의 이름으로 격려합니다. 그렇습니다. 이것이 형
제요, 지체입니다.

최근 "밀정"이라는 영화를 관람했습니다. 이 영화는 1920년 대 일
제 강점기를 배경으로 의열단과 밀정 간 서로를 이용하려는 암투와
회유, 교란 작전이 숨 가쁘게 펼쳐지는 내용의 영화입니다. 이 불행했
던 시대, 조국의 독립을 위해 목숨을 걸었던 사람과 조국을 팔아서라
도 살려고 몸부림쳤던 사람이 있었습니다. 아니, 많은 사람이 그렇게
'이분법적'으로 생각하고 있습니다. 그래서 우리 머릿속에는 늘 '독립

캠퍼스 행전

운동가'가 아니면 '매국노', 두 종류의 사람만 있습니다. 하지만 과연 그럴까요? 그렇지 않습니다. 영화에서는 전혀 드러나지 않지만, 사실 제3지대에 선 자들이 더 많았습니다. 바로 조국의 어려움 앞에서 꼼짝하지 않고 숨어 있었던 사람들이 있었다는 말이다.

또 "로베레 장군"이라는 영화가 있습니다. 이 영화의 주제는 '아무것도 하지 않은 죄', 즉 '방관 죄'입니다. 영화 "밀정"도, "로베레 장군"도 모두 '침묵하는 자들에 대한 경종'이 또 하나의 주제요, 교훈입니다. 이 영화는 우리에게 이렇게 말하고 있습니다.

"제3지대에 서지 말라! 방관자로 살지 말라!"

사랑하는 형제자매 여러분!

우리 DFC 공동체도 일 년에 한두 번 행사를 합니다. 누구도 방관자로 살지 않았으면 좋겠습니다. 아무도 손님으로 살지 않았으면 좋겠습니다.

셋째, '이웃의 일'에 방관해서는 안 됩니다. 다음은 1964년 3월 13일 금요일, 뉴욕에서 일어난 실화입니다.

뉴욕 퀸즈 지역의 이른 새벽 공기는 춥고 축축했습니다. 캐서린 제노비스라는 한 여성이 야간 일을 마치고 귀가하던 중이었습니다. 그녀가 주차장에 차를 놓고 걸어 나왔을 때는 이미 새벽 3시였습니다. 그녀는 아파트 건물을 향하여 발걸음을 떼자마자 수상쩍은 덩치 큰 한 남자(後에 모즐리로 신원이 밝혀짐)를 보았습니다. 그런데 그 남자가 갑자기 그녀의 등에 칼을 깊숙이 찔렀습니다. 그녀는 절박한 목소리로 외쳤습니다.

"도와주세요! 도와주세요!"

그러자 아파트 집집마다 불이 켜졌습니다.

그러나 그의 법정 진술에 따르면, 사람들이 내려올 것 같은 느낌은 들지 않았다고 합니다. 사건은 새벽 3시 15분에서 50분까지 약 35분 동안 일어났습니다. 한 여성이 칼에 찔리고 쓰러지는 것을 창가에서 구경만 한 사람은 모두 38명이었다고 합니다.

언젠가 읽었던 글이 있습니다.

어느 날 그들이 흑인 노예들을 잡으러 왔었어. 나는 가만히 있었지. 나는 흑인이 아니니까. 그 다음에는 유대인들을 잡으러 왔었어. 그때도 나는 가만히 있었어. 나는 유대인이 아니니까. 그 다음에는 공산주의자를 잡으러 왔었지. 그때 역시 나는 가만히 있었지. 나는 공산주의자가 아니니까. 그 다음엔 동성애자를 잡으러 왔었어. 그때도 나는 가만히 있었지. 나는 동성애자가 아니니까. 마지막에는 나를 잡으러 왔어. 그때 나는 억울하게 잡혀 죽을 수밖에 없었어. 나를 보호해 줄 이웃이 한 명도 남아 있지 않았기 때문이지.

그가 죽게 된 것은 아무것도 하지 않은 죄의 대가였습니다.

어느 날, 예수님이 한 율법사와 대화하셨습니다 눅 10:26-28.

"어떻게 하여야 영생을 얻습니까?"

"율법에 무엇이라 기록되었으며, 네가 어떻게 읽느냐?"

"네 마음을 다하며 목숨을 다하며 힘을 다하며 뜻을 다하여 주 너

캠퍼스 행전

의 하나님을 사랑하고, 또한 네 이웃을 네 자신 같이 사랑하라 하였나이다."

"네 대답이 옳도다. 이를 행하라."

그리고 이어서 '네 이웃이 누구인가?'에 대한 예화가 나옵니다. 바로 '선한 사마리아인' 이야기입니다. 제사장도, 레위인도 '피하여' 지나갔습니다. 모두가 방관자였던 것입니다.

오늘, 우리가 어떻게 살아야 하는지에 대해 주님께서 우리에게 주시는 답입니다.

이제 말씀을 맺겠습니다.

사랑하는 형제자매 여러분!

에돔은 형제_{이스라엘}가 고통을 당할 때_{바벨론 침략} 방관했습니다. 에돔은 그래서 멸망했습니다. 에돔의 멸망은 '방관 죄'에 대한 하나님의 심판입니다.

예수의 제자된 우리가 해야 할 일! 그것은 침묵해서는 안 될 때 침묵하지 않는 것입니다. 우리는 그리스도의 빚진 자입니다. 우리는 방관자로 살지 맙시다. '아무것도 하지 않은 죄'를 짓지 맙시다.

목사님! '칼럼'을 책으로 출판해도 될까요?

다음은 졸업한 제자가 출판사에 제출했다는 질의서 내용이다. 나는 이 형제의 귀한 마음을 하나님의 뜻으로 받아 이 책을 출간했다.

저는 이 책의 저자가 아닙니다. 이 책의 저자는 수원지역 캠퍼스 청년들에게 예수님의 복음을 전하고 계시는 수원 DFC 대표 리민수 목사님입니다.

제가 대학교 4학년이던 2013년에 목사님을 처음 뵈었습니다. 당시, 저는 대학교를 졸업하기 전에 짧게라도 기독교 동아리를 경험해 보고 싶어서 가입할 수 있는 기독교 동아리가 없을까 열심히 찾던 중에 수원 DFC를 만나게 되었습니다. 그때 동아리 대표이셨던 리민수 목사님과의 첫 인연이 닿았습니다.

리민수 목사님은 제게 있어서 영적 아버지입니다. 저는 그렇게 생각해 왔습니다. 목사님이 거의 매일, 수원 DFC 홈페이지에 사역일기를 쓰고 계신다는 것을 1월에 우연히 알게 되었습니다. 그리고 2017년, 목사님의 최근 칼럼을 읽으면서 정말 지금 캠퍼스 사역이 위기라는 것을 간접적으로 알게 되었습니다.

올해로 60이 넘으신 목사님 홀로 캠퍼스를 지킬 수밖에 없는 상황입니다. 저는 그런 목사님을 멀리서 바라보면서 문득 생각했습니다.

'혹시 목사님의 지난 20년의 칼럼들이 책으로 출판될 수는 없을까? 그러면 지금 캠퍼스 사역의 현 주소를 교회에 알려 공유할 수 있지 않을까? 지금 여유가 조금 있는 시간을 기용해서 한 번 책을 만들어 보자!'

이런 생각에 이렇게 칼럼들을 모아 오늘 책을 완성하게 되었습니다. 목사님은 지금 제가 목사님의 칼럼들을 모아 이렇게 출판사에 문의를 드리고 있는 사실을 모르십니다.

목사님께 따로 말씀드리지 않았습니다. 그래서 혹시나 이 책이 출판할 수 있는 작은 가능성이라도 있다는 판단을 하신다면, 그때 목사님을 뵙고 이런 상황을 전해 드리고자 합니다. 좋은 결과가 있길 바라는 마음으로 저자질의서를 마칩니다.

캠퍼스 사역! 정말 망했는가?

지난 해 10월 30일, 서울 성복증앙교회에서 제1회 간사대회가 열렸다. 학복협에 속한 12개 캠퍼스 선교단체 간사들이 모였다. 특히 주목을 끈 것은 '2017 한국 대학생 의식과 생활에 대한 조사 연구' 결과 발표다. 이 조사는 2005년부터 올해까지 4차에 걸쳐 진행되었으며, 이번 설문은 지난 7~8월, 기독교인 350명을 포함하여 대학생

1,299명을 대상으로 진행했다. 여론조사 전문기관 지앤컴리서치가 진행했으며, 주제를 크게 세 가지로 분류했다. 첫째, 일반 대학생의 의식과 생활, 둘째, 기독교 대학생의 신앙 의식과 생활, 셋째, 선교단체 학생의 신앙 의식과 생활이다. 그 결과를 다 옮길 수는 없지만 몇 가지만 정리하면 이렇다.

첫째, 개신교 학생 비율이 15%였다. 이는 5년 전 2012년보다 2.2% 감소한 수치다. 전체 학생 중 개신교 비율은 다른 종교와 달리 유일하게 줄었다. 참고로 천주교는 8.4%, 불교는 8.9%, 무교는 67.7%였다.

둘째, '주일성수'라는 고정관념이 깨지고 있다. 이번 조사 결과 기독교인이지만 자유로운 신앙을 위해 교회에 '안 나가'는 '가나안 교인'은 28%에 달했다. 이중 귀찮아서 안 나가는 학생은 45%이며, 실제 자유로운 신앙관을 가진 학생은 34%로 나타났다. 학생들 간 주일성수에 대한 개념이 모호해지는 추세를 엿볼 수 있는 대목이다. '지난 한 달간 참석한 교회 예배 종류'를 묻는 질문에, 주일예배 59.4%, 청년예배 34.3%였다. 이는 3차 조사보다 줄어든 수치다 2012년, 주일예배 76.4%, 청년 예배 55.8%. 교회에 다니지 않는 이유는 '학업·아르바이트 등 시간이 없어서'가 45.5%로 가장 많았다. '자유로운 신앙생활 24.2%', '신앙에 대한 회의 10.1%' 등이 뒤를 이었다.

조성돈 교수는 주일예배에 꼭 참석해야 한다는 '주일성수' 관념이 깨지면서, '비정규직 교인'도 늘어나고 있다고 진단했다.

셋째, '신앙의 확신'이 점점 약해지고 있다. '예수님을 구주로 영접

캠퍼스 행전

했다'는 응답은 52.9%로 2012년(63%)보다 10.1% 포인트 줄었다. 반면, '잘 모르겠다'는 응답은 2012년 17.3%에서 33.7%로 배가량 늘어났다. 기독 대학생 2명 가운데 1명은 구원의 확신이 없는 것이다.

넷째, 1주일간 성경 읽기와 개인 기도에 사용한 시간은 합쳐서 1시간이 채 되지 않았다. 지난 1주일 동안 성경을 읽은 시간은 평균 24분에 그쳤다. 2012년(64분)의 절반에도 미치지 못한 수치다. 1주일간 기도한 시간 역시 2012년(59분)의 절반 수준인 31분이었다. 아예 성경을 읽지 않거나(63.7%), 기도를 하지 않는 비율(38.3%)도 5년 전 조사보다 높게 나타났다.

다섯째, 기독 대학생 35.1%만 성경을 전적으로 믿고 있다. 기독 대학생은 '성경 내용을 완전히 이해하고 전적으로 믿는가?'란 질문에 '이해하기 어렵지만 믿는다'는 답변이 51.8%로 가장 높은 수치를 나타낸 반면, '전적으로 이해하고 믿는다'는 35.1%에 그쳤다.

여섯째, 기독 학생들은 선교단체 가입 여부에 따라 차이를 보였다. '지난 1년간 전도한 경험이 있는가'란 질문에 선교단체 활동을 하는 기독 대학생은 65.4%가 경험이 있다고 대답한 반면, 그렇지 않은 기독 대학생은 38.1%에 그쳤다. '매주 주일예배에 참석하는가' 여부에서도 선교단체 활동 기독 대학생(75.9%)이 그렇지 않은 기독 대학생(59.6%)에 비해 수치가 높았다. 이 밖에 '매일 성경을 읽는가'라는 질문과 '하루에 기도를 10분 이상 하는가' 같은 질문에서도 선교단체 기독 대학생이 각각 34.3%대 6.7%, 34.8%대 13.3%로 높은 수치를 나타냈다.

일곱째, 청년들의 빈곤 문제와 미래 비전 부재가 심각했다. 학생들

에필로그

은 5명 중 1명꼴로 개인 빚을 지고 있으며20.9%, 평균 빚 액수는 840만 원이었다. 고학년 학생층과 서울·수도권 학생층, 부모 이혼 등 결손 가정 학생층에서 높게 나타났다.

장근성 목사는 "오늘날 기성세대가 보기에 한국 사회가 어느 때보다 풍요롭지만, 젊은 세대는 다양한 영역에서 빈곤을 겪고 있다."고 했다. 그는 대학생들의 빈곤은 물질적 가난에서 그치지 않고, 학생들이 미래, 즉 전망의 부재라는 가난을 겪고 있다고 분석했다. 학생들은 가장 큰 고민이 무엇이냐는 질문에, 61%가 '진로·취업 문제'라고 응답했다. 현재 자신의 삶에 만족하고 있느냐는 질문에, 61.4%가 '만족한다'고 답했다. 3차 조사보다 26.3% 하락했다87.7% 만족. 대학생의 28.1%는 "교회 여름수련회에서 재정 부담을 느껴 참석을 꺼린다."라고 응답했으며, 대학생들이 "자신의 고민을 본인 스스로 해결한다."는 응답이 33%에 달했다. 그 외에도 오늘 날 청년들은 핵가족화의 영향으로 점점 개인주의화가 되어 가고 있다. 교회 규율과 규칙이 무시되고, 주일성수해야 한다는 의식도 점점 쇠퇴하고 있다.

여덟째, 세대 차이가 심각했다. 1, 2학년과 3, 4학년의 신앙과 가치관, 생활 태도의 차이가 크다. 또 대학생들은 공동체를 추구하면서도, '나를 간섭하지 말라'는 이율배반적 현상이 나타나고 있다. 공동체는 내 필요를 채우는 수단일 뿐, 공동체의 간섭은 싫어하는 것이다.

부모 세대와 대학생 세대의 신앙 태도에 관한 분석도 있었다. 부모 세대는 전도로 예수를 믿는 성도가 많기에 비교적 신앙이 뜨겁다. 하지만 지금 학생 세대는 부모를 따라 신앙을 가진 세대로 절박함이 없

캠퍼스 행전

다. 마치 일 년에 한두 번 절에 가는 불교 분위기로 바뀌고 있다.

설문 결과 분석에 대한 견해도 두 가지로 갈렸다.

이재환 목사는 "개신교 학생과 비개신교 학생 사이에 생활과 의식 전반에 어떤 차이가 있는지 살펴봤지만, 큰 차이는 없었다."며, "오늘날 한국 교회의 청년 사역이 실패했다."고 했다. 반면 김성희 목사는 '대학 선교단체는 여전히 유효한가!'에 대한 발제에서 "여전히 유효하다."라고 분석했다.

지금 캠퍼스뿐 아니라, 우리 민족 교회가 위기다. 복음의 문은 점점 닫혀 가는 느낌이다. 하지만 나는 이번 설문 결과의 분석을 보며, 한 점 희망의 불꽃을 발견했다. 그것은 일반 대학생 가운데 향후 종교를 가질 의향이 있는 경우가 11.4%였다는 것이다. 또한, 이들이 향후 믿고 싶은 종교로 기독교가 35%를 기록하며 1위였다는 것이다. 가톨릭29.6%, 불교26%가 그 뒤를 이었다. 이 설문 분석을 보며, 다시 한번 희망을 걸고 새로운 사역의 각오를 다진다. 하나님의 구속사는 중단되지 않기 때문이다.

이제 보잘 것 없는 글을 마무리하고자 한다. 아무리 다시 읽어도 조악하다는 느낌을 지울 수가 없다. 하지만 이 책은 문법보다 한 사역자의 진솔한 사역일지라는 관점에서 읽어 주기를 당부 드린다.

책 내용을 꼼꼼히 살펴보면, 숫자의 변화와 흐름을 볼 수 있다. 캠퍼스 사역의 침체를 한 눈에 볼 수 있다는 말이다. 이 현상이 우리 공동체만의 현실인지, 아니면 선교단체 전체의 현실인지에 대해서는 단

정하기 어렵다. 하지만 현재 캠퍼스 상황이 심각한 것만은 분명하다.

이제 나는 60대 현역 캠퍼스 사역자다. 어쩌면 캠퍼스 사역자로서 한물간 사람일 수 있다. 하지만 나는 여전히 영적 청년이다. 주님의 하명이 있을 때까지 그 영적 청년의 결기로 캠퍼스의 영적 파수꾼으로서 그 부르심의 사명을 다하고자 한다.

행동하는 제자들! 예수 지상명령 성취!

캠퍼스 행전